KB268554

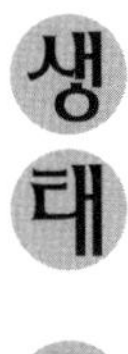

생태 슬픔

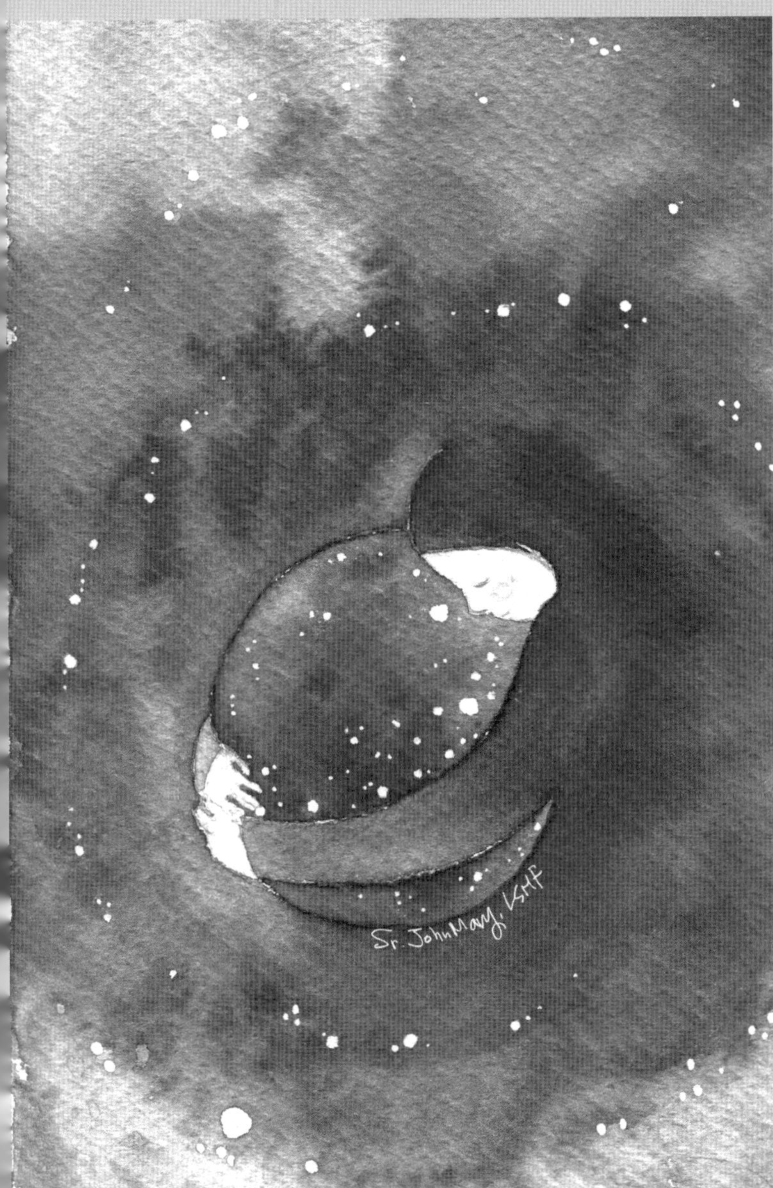

생태 슬픔

생태적지혜연구소협동조합 기획
이나경 서승철 유정길 문윤형 이미진

모시는사람들

지구생명의 치유와 마음의 치유를 위하여

산불로 죽어 간 수많은 생명을 생각하며

2025년 3월 22일 경북 의성에서 시작되어 10여 일간 지속되다가 결국 영덕 바닷가에서 멈춘 거대한 산불을 보며 나는 말문을 잃었습니다. 텔레비전 화면을 통해 전해지는 검붉은 불 길과 시커먼 연기는 단순한 재난 뉴스가 아니었습니다.

이 산불로 의성, 안동, 청송, 영양, 영덕, 울진 등에 걸친 10만 ha의 임야가 불탔습니다. 과거 역대 최대인 2000년 동해안 산불 당시 피해 지역 2만4천ha에 비해 무려 4배가 넘는 규모라 이름도 '괴물산불'이라고 합니다. 게다가 26명이 사망하는 인명피해가 있었습니다.

그런데 언론과 많은 사람들이 인명 피해와 재산 피해, 진화 대책과 정책, 산림경영, 임도, 특수장비구입, 헬기 구입은 이야기했지만, 이곳에서 불타 죽은 수억의 곤충과 새들, 짐승 등 생명의 죽음에 대해서는 말하지 않았습니다. 아무도 그들의 죽음을 슬퍼하거나 애도하는 사람이 없었습니다.

저는 지난 2025년 4월 19일 산불이 발화했던 의성 점곡면을 방문했습니다. 불길이 지나간 자리에는 새까맣게 탄 나무들만이 앙상한 골격을 드러내고 있었습니다. 한때 생명으로 가득했던 그곳은 죽음의 침묵만이 흘렀습니다. 그런데 그곳 한 계곡에서 불에 타 털과 살이 그을리고 전신 화상으로 참혹하게 죽어 있는 산돼지 시신을 보았습니다. 온몸에 불이 붙었을 때 고통으로 울부짖었을 그의 절규가 산속 어딘가 메아리로 남아 있을 것 같았습니다.

사라진 것들에 대한 애도

미처 도망치지 못한 고라니의 마지막 숨소리를, 둥지째 타버린 아기새들의 작은 울음을, 땅속에 깃들어 있던 무수한 미생물들의 소멸을 떠올리며, 이 모든 생명들의 죽음 앞에서 저는 무력감과 깊은 슬픔에 잠겼습니다. 참새, 까치, 까마귀, 직박구리, 쇠박새, 오목눈이, 검은등뻐꾸기, 박새, 꾀꼬리, 동고비, 솔새, 황조롱이, 수리부엉이…. 그들의 아름다운 깃털이 불타고 온몸이 불덩이가 되어 평소에 아름다웠던 그들의 목소리는 절규가 되어 몸부림치며 죽어 갔겠지요.

이름을 불러봅니다. 겨우내 모은 도토리를 꺼내먹으려 했을 다람쥐와 청솔모, 천진난만한 노루, 산토끼, 두더쥐, 너구리, 족제비, 두꺼비, 청개구리, 도마뱀. 구렁이, 살모사…. 700-800℃의 화마에 휩싸인 고통에 외쳤을 단말마의 비명이 들리는 듯합니다. 불탄 산과 들에 이제 매미들이 울지 않습니다. 호랑나비의 검고 노란 날개가 불길 속에 어떻게 재가 되었을까, 가슴이 아파옵니다. 풍뎅이, 하늘소, 사슴벌레, 굼벵이, 메뚜기, 지네와 노래기, 거미, 들쥐들의 아우성은 차마 들을 수 없었을 것입니다.

화마 속에 처절히 죽어 간 그 많은 생명들을 깊이 애도합니다. 그들 모두 죽고 싶지 않았을 것이고, 살고 싶어 몸부림쳤을 것입니다. 어느 짐승도 죽어 마땅한 생명은 없습니다. 그래서 깊이 슬퍼합니다. 그들을 죽게 한 인간의 어리석은 행동에 나 자신도 책임이 있음을 알며 참회합니다.

젊은 영혼들의 깊은 상처

오늘의 사람들은 이전 사람들과는 다른 종류의 고통을 안고 삽니다. 특히 젊은 세대는 기후변화가 단순한 환경 문제가 아니라 자신들의 미래를 위협하는 실존적 위기임을 직관적으로 느끼고 있습니다. 스웨덴의 환경운동가 그레타 툰베리(2003~)

가 "당신들이 내 꿈과 어린 시절을 훔쳤다."고 절규한 목소리는 세계 젊은이들의 마음을 대변한 것이었습니다. 실제 대학의 상담실을 찾는 학생들 중 여럿이 기후 불안(Climate Anxiety)과 생태 우울(Ecological Depression)을 호소한다고 합니다. 그들은 묻습니다.

"이런 세상에서 아이를 낳아도 괜찮을까요?", "우리에게 미래가 정말 있을까요?", "열심히 공부해서 취업해 봤자 지구가 망가지면 무슨 소용이 있을까요?"

이런 질문들 앞에서 기성세대의 일반적인 격려나 조언은 공허하게 들릴 뿐입니다.

지금 고통스럽더라도 꿈꿀 만한 희망적인 미래가 확실할 때, 현재 고통을 견디고 극복하는 힘이 생기며, 바르게 살고 건강한 사회적 관계를 만들 의지와 동력이 생깁니다. 그러나 노력해도 미래가 암울하고 모두 쓸데없는 일이라고 느껴질 때, 허무와 낙담, 비관이 가득한 사회가 될 것입니다. 젊은 세대의 슬픔은 개인적 차원을 넘어섰습니다. 그들이 느끼는 것은 단순한 우울이나 불안이 아니라, 지구 전체와 미래 세대를 위한 깊은 애도입니다. 사라져 가는 북극곰을 보며 눈물을 흘리고, 플라스틱으로 가득 찬 바다거북의 배를 보며 분노합니다. 매년 줄어드는

철새들의 수를 확인하며 절망하고, 봄이 와도 예전만큼 울지 않
는 개구리 소리에 쓸쓸함을 느낍니다.

이름 없는 슬픔에 이름을 주다

그동안 우리 사회는 이런 감정을 제대로 다루지 못했습니다.
환경에 대한 걱정을 '예민함' 정도로 치부하거나, 기후변화에
대한 불안을 '기우(杞憂)'라고 일축해 왔습니다. 심지어 환경을
걱정하는 젊은이들을 '너무 진지하다'며 놀리기도 했습니다. 하
지만 이들이 느끼는 감정은 지극히 정상적이고 자연스러운 반
응이라는 것을 인정해야 합니다.

이런 맥락에서 '생태슬픔(Ecological Grief)'이라는 개념이 등장
했습니다. 호주의 환경학자 글렌 앨브레히트(Glenn Albrecht)가
처음 이 용어를 통해 환경 파괴로 인한 상실감과 애도를 설명했
습니다. 단순히 자연을 잃었다는 슬픔을 넘어서, 우리 자신의
일부를 잃었다는 깊은 존재론적 상실감을 의미하는 거지요. 생
태슬픔은 여러 형태로 나타납니다.

어릴 적 뛰어놀던 냇가가 오염되거나 복개되었을 때의 상실
감, 그네 타고 놀던 고향의 큰 느티나무가 사라지고 온통 공장
으로 가득 찼을 때의 황망함, 지구 반대편 열대우림이 사라진다

는 소식에 느끼는 안타까움, 산불로 죽은 수많은 생명에 대한 연민, 공포와 비탄….

이런 생태적 슬픔은 누구도 인정해 주지 않는 미묘한 슬픔이라서 "말할 수 없는 애도(disfranchised grief 박탈된 슬픔)"로 남는 경우가 많습니다. 그러나 이 모든 감정들이 다양한 생태슬픔의 스펙트럼 중의 하나입니다.

슬픔을 넘어 희망으로

이 책의 첫 글은 오랫동안 생태슬픔, 기후우울, 생태불안 문제를 깊이 걱정하며 연구해 온 이나경의 글 「생태슬픔이란 무엇인가」로 시작합니다. 날로 심각해지는 기후위기, 환경오염으로 인한 인간의 죽음과 피해, 그리고 열대림의 파괴로 인한 생물들의 멸종과, 해양생물의 죽음 등으로 희망이 사라지는 미래에 대한 비탄(Grief)은, 아직은 격렬한 집단적 감정은 아니지만 점차 인류에게 커다란 문제로 제기될 것을 경고하며, 이제 외부의 위기와 더불어 그로 인한 인간 내부의 마음의 문제에 주목해야 함을 강조합니다.

두 번째의 글은 이 책을 만들도록 격려해 온 고 신승철의 「기후우울증과 마음의 생태학」입니다. 생태슬픔에서 벗어나기 위한 기후위기와 관련한 마음으로서 사물, 기계, 자연, 생명 등이 모두 생태계의 주체임을 강조하며 그들을 아우르는 '넓이의 마음', 인간의 깊은 내면에 숨어 있는 아뢰야식, 태고적 원형무의식, 고대인, 동물의 무의식을 생각하는 '깊이의 마음', 모든 존재를 아우르고 과거, 현재, 미래를 생각하는 숭고한 높은 가치를 강조하는 '높이의 마음'을 소개하면서 마음의 정동적 작동과 돌봄을 강조합니다.

세 번째 글도 역시 신승철의 글입니다. 「마음의 메타모델화 논의와 전환의 이야기」에서 그는 기후우울, 생태적 슬픔을 하나의 모델로 설명하지 않고 여러 모델들이 어우러지고 관계맺고 연결될 때의 이야기에 주목해야 한다고 말합니다. 그래서 수많은 전환의 이야기들을 만들어 내고 그 이야기를 말하고 듣는 상상력의 중요성을 역설합니다.

네 번째 유정길의 「지구적 슬픔을 넘어서는 재연결 작업」은 조애나 메이시의 '재연결 작업'을 통해 기후우울을 극복하는 과정을 소개합니다. 우리의 고통은 연결되어 있기 때문에 발생하며, 갈등, 경쟁이 아니라 수많은 감사의 마음을 고도화하고, 고통을 존중하고, 새로운 눈으로 문제 해결을 하며, 꾸준히 실행해 나가는 나선형 순환을 설명합니다.

다섯 번째 이나경의 두 번째 글 「생태적 애도와 치유」는 고통을 정직하게 마주하면서 그 고통 속에 희생된 존재들에게 깊은 연민과 사랑의 마음으로 생태적 애도(ecological mourning)로 슬픔을 수용하고 이를 통해 생명들 하나하나의 깊은 자비연민의 마음을 투사해야 생태계를 치유할 뿐 아니라 사람의 마음도 치유된다는 점을 강조하며 다양한 애도의 방식을 소개합니다.

여섯 번째 문윤형의 글 「세상의 고통과 함께하는 생태명상」은 생태위기 시대 마음의 근육을 키우고, 활동을 위한 자기 동력을 유지하기 위한 생태명상을 소개합니다. 연결감, 생태적 자기, 수많은 너와 생명들과의 동일시, 애도와 용서 명상, 되어보기 명상, 지구의 아픔과 함께하기 명상 등이 소개됩니다.

일곱 번째 이미진의 글 「재연결로 생태슬픔 이겨내기」는 실제 생태슬픔을 공명하며, 멸종되는 생명과 자연의 목소리를 연결하는 프로그램을 소개합니다. 또한 우울과 슬픔을 감당할 몸과 마음의 역량을 키우고 감각을 깨우며, 연결하는 마음을 통해 생태의식을 확장합니다. 이후 미래세대와의 연결, 변화를 만드는 방법 등, 환경교육이나 상담 현장에서 사용할 생태슬픔을 극복하는 프로그램을 소개합니다.

고 신승철 박사를 애도하며

이 책은 본래 코로나 펜데믹이 한창이던 2021년에 기획되었습니다. 생태슬픔이라는 의제에 집중적인 관심을 가져온 이나경 수녀의 제안과 당시 생태적지혜연구소의 고 신승철 소장의 공감으로 이후 문윤형, 이미진, 유정길이 결합하여 글을 썼습니다. 팬데믹 기간이었지만 몇 차례에 걸쳐 줌 강연회를 했고, 대면 강연회를 하기도 했습니다.

그러나 이듬해인 2023년 7월 신승철 박사가 갑작스럽게 유명을 달리하게 된 일은 우리 모두에게 큰 충격이자 말할 수 없는 슬픔이었습니다. 언제나 웃는 얼굴로 모든 것을 넉넉하게 수용하는 따뜻한 마음으로 〈철학공방 별난〉을 운영했고, 〈생태적지혜연구소〉를 만들어 수많은 젊은 연구자와 활동가들을 품어온 운동가였습니다. 자신이 수십 권의 엄청난 저작을 집필하기도 했지만, 자신의 모든 정보와 지식, 관계망을 아낌없이 나누며, 모임을 만들고, 함께 연구하고, 책을 발간하게 하고, 실천하게 만들었습니다. 그는 스스로 자임했듯이 '연결자(Connector)'이기도 하고 '판까는 사람(Board Maker)'으로서 우리나라 생명, 생태운동의 학술 연구에 없어서는 안 될 큰 생태철학자였습니다. 그의 부재는 우리 한국사회와 생명세계에 큰 슬픔이 아닐 수 없습니다.

이 책을 시작해 준 고 신승철 박사와 뒤이어 생태적지혜연구소를 맡은 이승준 이사장과 생태슬픔 초기 기획에 함께해 준 권희중 조합원, 또한 원고의 마무리를 챙겨주신 홍승하 출판위원장과 이윤경 편집위원장의 노고가 아니었으면 나올 수 없었을 것입니다. 또한 내용을 검토하고 책의 꼴을 만들어 주신 모시는사람들의 박길수 대표의 수고에도 깊이 감사드립니다. 한국 사회에 '생태슬픔'을 처음 본격적으로 소개하는 이 책을 시작으로 생태슬픔을 넘어 마음의 희망을 만드는 많은 책과 운동들이 펼쳐지길 기대합니다.

2025년 9월 초 산불난 의성 고운사 지역을 세 번째로 방문했을 때, 불과 4-5개월 만에 불탄 숲속에서 그동안 소나무 권력에 눌려 있던 낙엽 활엽수들이 활개를 치며 올라오는 감동적인 장관을 보았습니다. 균형을 찾는 자연과 생명의 회복력은 우리의 상상을 넘어섭니다. 이것이 희망입니다.

2026년 1월

집필자를 대신하여 유정길

차례

2부 생태슬픔 이겨 내기

1부

생태슬픔과
마음의 생태학

생태슬픔이란 무엇인가?

생태슬픔이 당신에게 건네는

이야기

이나경

나도 생태슬픔, 기후우울?

낮 최고 기온이 40도에 달하는 폭염이 이어지면서 연일 최고 기온이 경신되며, 주요 관광지가 폐쇄되고, 가뭄에 대형 산불 소식까지 이어지고 있다. 불안하고 알 수 없는 감정의 혼돈까지 느껴지는 이런 상황은 올해가 처음이 아니다. 2019년 가을 호주에서 발생한 산불은 호주 남동부에서 시작되어 꺼지지 않고 몇 달간 이어졌다. 불은 계속 번져, 호주 전체 숲의 약 20%가 불에 타 사라졌다. 숲이 타들어 가는 중 사람들은 위험 경고라도 듣고 피할 수 있었지만, 숲에 살던 동물들은 그러지 못했다. 호주의 생태학자는 10억이 넘는 수의 포유류, 새, 파충류들이 산불과 함께 사라졌다고 했다. 그나마도 이 숫자에는 박쥐, 개구리, 벌과 나비 등 수많은 존재들이 포함되지 않았다. 상상할 수 없는 수의 소중한 생명들이 산불로 사라진 것이다.

TV에서 연일 중계되는 산불을 보며 나는 감당할 수 없는 슬픔과 죄책감에 휩싸였다. 아무것도 하지 못하는 무력감, 호주의 산불을 내가 지른 것 같은 죄책감, 죽어 가는 생명을 위해 아무것도 하지 않고 지켜보기만 해야 하는 슬픔이었다. 그동안 경험해 본 적 없는 모순되고 혼란스러운 감정이 소용돌이처럼 내 일상을 흔들었다. 걱정 어린 눈으로 바라보던 화면들은 어느새 무거운 돌이 되어 내 마음을 눌렀다. 숨이 막혔다. 할 수 있는 것이 아무것도 없다는 절망감과 함께 우리에게 과연 내일이 있을까 하는 불안이 몰려왔다. 기후위기가 심각해지면서 호주의 산불과 같은 기후 재앙 소식들이 매년 들려온다. 우리나라도 예외는 아니다. 세계기상기구(WMO, World Meteorological Organizatio)는 2025년 1월 10일 보고서를 통해 2024년의 지구 평균기온이 산업화 이전(1850-1900)보다 1.55℃ 상승한 것으로 관측된다고 밝혔다. 2015년 세계 각국이 파리에 모여 개최한 제21차 유엔기후변화협약 당사국 총회(COP21)에서 정한 기후 재앙을 막는 한계선인 '1.5℃'를 넘어선 것이다. 기후위기로 인해 지구의 모든 생명에게 가해지고 있는 위협은 매년 강도를 더해 간다.

어쩌면 이 글을 읽는 분 중에는 생태슬픔(ecological grief), 기후우울(climate grief), 생태불안(eco-anxiety)과 같은 말을 처음 듣는 분이 있을 수 있다. 필자 역시 그랬다. 날로 더해 가는 지구의 파괴와 오염의 소식을 들으며 몇 년 전부터 불안하고 우울한 마음을 조금씩 느껴 오고는 있었지만, 호주의 산불이 그 시작이었다. 시뻘겋게 타오르는 산불을 바라보는데 계속해서 눈물이 흘렀다. 나중에는 무기력과 우울감에 빠져 소식을 듣는 것조차 두려웠다. 후에 비슷한 경험을 하는 사람들과 이야기를 나눌 기회가 있었는데, 솔직하게 마음을 나눈 것이 많은 도움이 되었다. 필자만 이런 감정들을 느끼고 있는 것이 아니라는 사실에 놀랐고 한편 안도감이 느껴졌다. 이런 마음들이 이전부터 있었으며, 생태슬픔이라 불리고 있다는 것도 알게 되었다. 호주의 산불처럼 큰 사건이 아니더라도, 내가 직접 겪지 않았어도, 지금의 기후위기 현실을 마주하는 것만으로 누구에게나 찾아올 수 있다는 것도….

지구가 혹독한 몸살을 앓고 있다. 예상보다 더 빠르게 악화하는 기후위기는 지구 위험 한계선(planetary boundary)[1]을 위협

1 2009년 스톡홀름 회복센터의 요한 록스트롬과 윌 스테판을 비롯한 과학자들이 지구시스템과학적으로 처음 제안한 개념으로 인류가 지구에서 안전하고 지속적으로 생존하기 위한 지구의 위험 한계선의 9가지 영역을 말한다. 각 영역의 한계선이 침범되면 지구환경에 커다란 변화가 연속

하고 있고, 여섯 번째 대멸종으로 사라져 가는 지구상의 수많은 생명은 인간도 멸종될 수 있다는 강력한 경고음을 낸다. TV, 뉴스, 인터넷을 통해 심각해져 가는 기후위기에 대해 듣는 것이 점점 우리의 일상이 되어 가고 있다. 기후변화는 단지 추상적인 과학 정보나 외부적 환경의 변화만이 아니다. 우리의 전반적인 육체적 및 정신적 건강, 웰빙, 사회·문화적 정체성 등은 우리가 사는 환경이나 생태계 안에 자리하고 있어서 주변 환경이 파괴될 때 우리 또한 긴밀하게 영향을 주고받게 된다. 심각해져 가는 기후위기 속에서 미래가 사라졌다는 불안감, 무언가를 해도 바뀌지 않는(않을 것이라는) 현실에 대한 분노와 무력감, 우울과 두려움, 나 역시 문제의 일부라는 죄책감, 나아가 깊은 슬픔을 느끼는 사람들이 늘고 있다. 어떤 사람들은 산불, 가

적으로 일어나 돌이킬 수 없는 상황에 이를 수 있다는 것이다. * 9가지 영역: 기후변화, 생물다양성 파괴, 성층권 오존층 파괴, 해양 산성화, 생물권과 해양에 질소와 인의 과잉 공급, 산림파괴를 비롯한 지표환경 변화, 담수 이용 문제, 기후나 생물에 영향을 미치는 대기 중 에어로졸 증가, 신물질 등장(예, 방사성 물질, 나노 물질, 유기 오염물질 등) 출처: Rockström, Johan; 외. (2009). "Planetary Boundaries: Exploring the Safe Operating Space for Humanity".《Ecology and Society》14 (2). doi:10.5751/ES-03180-140232.

품, 홍수, 폭염의 직접적인 영향으로 삶의 터전과 공동체를 잃는 어려움을 겪기도 하지만 누군가는 자연의 파괴와 상실을 지속적으로 목격하는 것만으로도 신체적(수면/섭식장애 등), 정신적 및 심리적 고통을 겪을 수 있다. 기후위기의 시대를 사는 우리는 점점 개인적 상실을 넘어 지구적 차원의 상실을 마주하고 있다. 지구의 고통이 생태슬픔이나 생태불안이라는 모습으로 우리 삶 안에 스며든다.

생태슬픔이 건네는 이야기

호주 산불을 바라보며 경험한 감정은 이후에도 지구의 생명들이 파괴되고 위협받는 상황을 마주할 때마다 반복해서 필자를 찾아왔다. 황폐해져 가는 지구에서 일어나는 전례 없는 기후 재앙의 현상들과 무수한 생명들이 죽어 가는 현실, 더불어 소중한 자연과 삶의 터전이 파괴되는(또는 파괴될) 현장을 볼 때도 마찬가지였다. 앞으로 어떻게 펼쳐질지 모르는 불확실한 미래를 직면해야 하는 것은 삶에 큰 도전이다. 생태슬픔이나 생태불안을 겪는 사람들이 늘어나면서 정신 건강 측면에서의 우려도 커지고 있다. 이런 슬픔과 불안이 진정 우리에게 이야기하고 있는 것은 무엇인지 질문하게 된다. 생태슬픔이나 기후우울은 우리 삶에 끼어든 불청객이기만 한 것일까?

개인에 따라 그 깊이나 너비가 다르게 경험될 수 있겠지만 단지 심리적, 정신적 측면의 병(리)적 현상만은 아니다.[2] 만약 그렇게만 접근한다면 우리가 할 수 있는 선택은 치료 외엔 없을 것이다. 생태슬픔은 보통의 슬픔과 달리 조금은 특별한 형태의 슬픔이다. 이 슬픔은 우리가 경험한 적 없는 실존적 위협(기후위기) 앞에서의 자연스럽고 건강한 반응이다.

눈을 들어 더 큰 시선에서 바라보는 장으로 여러분들을 초대하고 싶다. 우리는 모든 생명과 긴밀하게 이어져 있다. 모든 생명과 인간, 비인간 존재, 사물들까지 세상에서 따로 떨어진 존재는 없다. 모든 것이 큰 몸체의 세포처럼 세상을 이루는 데 꼭 필요한 요소이다. 몸체가 엄청난 충격을 받으면 우리 또한 그 충격을 고스란히 느끼는 것은 당연하다.[3] 스스로 우월한 종(種)이 되길 선택한 인류는 생명의 그물에서 인간을 분리했고, 자연

2 개인에 따라서는 복합적인 심각한 심리적 영향으로 인해 치료가 필요한 경우가 있을 수 있다.
3 조안나 메이시, 몰리 영 브라운, 『생명으로 돌아가기』, 모과나무, 2020, 71쪽.

을 자원이란 이름으로 통제하고 착취했다. 무한한 발전과 성장에 대한 환상이 결국 지금의 피폐한 지구를 만들었다. 하지만 자연은 인간 존재 밖에 있는 대상이나 자원이 아니다. 지구에 사는 모든 생명은 공동의 집에서 같은 공기를 마시며 같은 물을 마신다. 이것이 우리가 마주한 슬픔과 불안에 담긴 실재이다.

앞서 언급한 호주의 산불은 필자에게 많은 이야기를 남겼다. 지구의 울음소리가 필자의 삶 안으로 깊이 들어온 것 같았다. 숲의 불길과 함께 나의 무언가도 함께 탔고, 함께 죽었다. 그러나 고통스러운 울음은 숲과 생명에 대한 사랑을 품고 있었고, 내 안의 또 다른 나와 세상을 만날 수 있도록 이끌어 주었다. 역설적으로 상실로 인한 슬픔은 우리가 서로 연결되어 있음을 알려 준다. 상실의 본질과 정도에 관계없이, 연결된 것이 끊어짐으로 인해 우리의 마음이 아프거나 불편할 수 있기 때문이다. 간단히 말하면 사랑하기 때문에 아픈 것이다. 생태슬픔은 우리와 지구가 서로 약하고 부서지기 쉬운 존재임을 알아차리도록 도와준다. 분리되어 있지 않고 서로 연결되어 있다는 소속감을 확인하며 아픔을 나눌 기회를 얻게 된 것이다. 연결된 슬픔은 사적 차원에만 머물지 않는다. 지구별에 사는 모든 생명이 함께 경험하는 집단적·공동체적·사회적 차원을 함께 가지고 있다는 인식의 확장으로 이끌어 간다. 기후위기는 단지 날씨의 변화만이 아니다. 이 땅에 사는 작은 미생물부터 식물, 동물, 인간 그리고 수백만의 서로 다른 존재들이 오랜 세월 맺어 온 계절의 순환과 공진화의 춤 속에 맺어진 관계적, 문화적 책임과 존중의 붕괴이기도 하다.

현대 문명 전체는 전 지구적으로 일어나는 상실의 고통을 부정하고 피하는 데만 몰두하는 것 같다. 세상이 직면한 도전 앞에서 섣부르게 절망하고 부정적인 감정들을 급히 차단하려고 한다. 그러나 고통은 때로 어디가 아픈지 알려 주어 우리를 깨워 주는 가장 효과적인 자명종이다. 우리에게 돌보아야 할 곳이 생겼음을 알려 주는 소중한 신호이다. 개인의 유약함이나 고장 난 마음만은 아니다.

생태슬픔은 어쩌면 아픈 지구가 당신에게 보낸 초대장이 아닐까? 우리가 얼마나 소중한 것을 잃고 있는 것인지, 무엇을 사랑하고 있는 것인지 그래서 어떤 선택을 향해 나아가야 하는지 알려 주는 심오한 지혜를 가진 안내자로서 말이다. 이제는 용기를 내어 그동안 외면해 온 마음의 소리에 귀를 기울여 보자. 우리가 상실한 것뿐만 아니라 우리가 파괴한 것들, 그간 꿈꾸어 온 무한 성장의 환상, 우리가 원하면 무엇이든 할 수 있고 다른 존재들을 소유하고 착취해도 된다는 잘못된 믿음에 대한 애도가 필요하다. 사랑해야 할 것은 더 사랑하고, 떠나보내야 할 것은 애도하며 기꺼이 보내 주자. 더 늦기 전에!

이 장에서는 우리 앞에 드리운 불안과 두려움을 잠시 내려 두고 본래 하나의 생명체인 지구와 나(우리)를 향해 첫걸음을 시작해 보자. 당신의 응답을 기다리며, 생태슬픔의 새로운 여정을 시작해 보자.

생태슬픔 알아차리기

생태슬픔으로의 여정을 떠나기에 앞서, 먼저 해야 할 것이 있다. 생태슬픔의 이름을 불러 보는 것이다. 명명된 마음을 제대로 알아줌으로써 멈추고 고립된 마음이 흘러갈 수 있는 공간을 만들 수 있다. 상실을 애도하는 과정은 정당하다. 그동안 인정받지 못한 마음을 가만히 바라봐 주고 안아 주자. 생태슬픔은 당신 한 사람의 것이 아니라 누구나 언제든 경험할 수 있는 집단적이고 사회적인 차원으로 연결된 우리의 슬픔이다. 만약 지금 생태슬픔을 경험하고 있다면, 지구의 아픔을 함께 느끼고 있는 것이라고 얘기해 주고 싶다. 당신의 슬픔은 참으로 아름답고 귀하다. 아직은 낯설게 느껴지는 생태슬픔이지만 그 안에서 복작이는 감정과 그 움직임에 대해서 알아보며, 내 마음에서 들려오는 소리도 함께 들어 보았으면 한다.

생태슬픔은 인간이 초래한 기후위기, 생태계 파괴로 인해 사람들이 겪는 정신적, 심리적, 정서적 고통을 말한다. 주된 감정에 따라 생태슬픔(기후우울/기후슬픔) 또는 생태불안[4]으로 구분하기도 하고, 정서적 고통으로 심리적 방어기제(부정, 부인)가 활성화되어 효과적인 조치를 취하지 못하는 경우는 생태 마비(eco-paralysis)나 외상 후 스트레스 장애(PTSD)로 기후 트라우마(Woodbery, 2019)를 경험하기도 한다. 최근에는 국내에서도 언급이 늘고 있는데 생태슬픔보다는 우울이란 감정을 대표로 하여 주로 기후우울이라 불린다. 예전에는 생태슬픔과 기후슬픔(climate grief, 기후우울)을 구분하기도 했다. 주로 환경운동가(활동가), 생태학자 또는 자연과 친밀한 삶을 살았던 원주민들이

---

4 미국 심리학협회 APA(American Psychological Association)는 생태불안(eco anxiety)을 "되돌릴 수 없는 기후변화와 같은 환경 대재앙의 영향으로 한 개인 또는 다음 세대가 경험할 미래에 대한 만성적인 두려움" 으로 설명한다(2017).

생태계 파괴나 상실로 인한 생태슬픔의 어려움을 호소했다.[5] 그러나 기후위기가 심각해지고 지금의 현실 속으로 깊이 파고 들면서 점차 두 경계가 흐려지게 되었다. 기후슬픔(climate grief) 도 기후우울이란 개념으로 번역되어 사용되고는 있는데 우울 이란 감정에 더 집중해서 생태슬픔에 담긴 상실과 사랑의 의미 가 퇴색되는 것 같은 아쉬움이 있다. 요즘은 둘을 교차하여 사 용하고 있는 추세이지만, 이 글에서는 기후우울의 의미를 포괄 한 '생태슬픔'을 사용했다. 물론 '생태슬픔' 이란 개념 역시 복잡 다단한 차원의 감정과 정서를 모두 담아 내지 못해서 충분하진 않은 것 같다. 번역된 개념이라 직관적으로 무엇을 의미하는지 파악하기 어려운 부분도 있다. 하지만 무어라 부르는가 보다는 마음에 집중하려고 한다. 앞으로는 우리의 마음을 적절하게 드 러내고 담을 수 있는 한국적 맥락의 창의적인 표현들이 생겨나 면 좋겠다.

생태슬픔이 무엇인지 알아보려면 우선 영어표현 'ecological

---

5 알도 레오폴드가 최초로 유사한 언급을 했다고 알려져 있으며, 1995년 발 간된 생태심리학(Ecopsychology)에도 'The ecology of grief'에 대한 글이 포함되어 있다.

grief'를 살펴보는 것이 도움이 된다. 'grief'라는 단어는 우리말로 비탄, 비통(큰 슬픔)이라고도 번역되는데, 상실로 인한 깊은 슬픔을 의미한다. 그러나 여러 의미가 겹쳐 있어 우리말로 단순히 '슬픔'이라고 표현하기엔 부족한 개념이다. 단지 슬픈 감정(sadness or sorrow)만을 의미하지는 않는다. 슬픔을 일으킨 무언가의 상실에 대한 경험이 담겨 있다. 영국에서 기후변화와 관련된 상실에 관해 연구한 랜달(Randall, 2009)은 이런 상실의 슬픔을 다음의 네 가지로 구분했다. 첫째, 우리가 통제할 수 없는 죽음(예-동식물의 멸종)과 같은 절대적 상실, 둘째, 윤리나 가치를 이유로 의식적으로 어떤 것을 포기하는 경우의 선택된 상실, 셋째, 전환적 상실로 인생의 단계 중에서 하나의 경험에서 다른 경험으로 옮겨 가는 과정에서 발생하는 상실, 넷째, 예기(豫起, anticipatory) 상실로 앞으로의 상실을 미리 슬퍼하고 애도함으로써 직면하는 경우이다. 보통 인간사에서는 상실로 인한 슬픔(슬픈 감정이 아닌 깊은 슬픔)이라고 하면 사랑하는 사람의 죽음과 관련된 상실을 먼저 떠올린다. 그러나 상실은 사별(死別)과 같은 대인 관계 단절뿐만 아니라 중요하게 여겨지는 삶의 측면의 하나를 어쩔 수 없이 포기하게 되었을 때의 실제적이거나 잠재적인 상황도 포함한다(Archer, 2001). 아들러(2003)는 정신분석학적 관점에서 상실로 인한 슬픔을 개인의 보편적인 심리적 경험으로 확장하기도 한다. 상실로 인한 정신적 고통은 이를 극복하기 위한 투쟁의 과정으로 볼 수 있다. 상실을 경험했다면 뭔가 소유했다는 것이고, 욕망하고 사랑했다는 것이고, 욕망을 위한 조건을 찾기 위해 분투했다는 것이다(버틀러, 2004). 지금 우리는 인간에 의해 파괴된 지구적 차원의 죽음과 생태적 상실을 마주하고 있다.

캐나다와 호주에서 생태슬픔에 대해 연구하는 콘솔로와 엘리스(Consolo and Ellis, 2018)는 생태슬픔의 경로를 다음의 세 가지로 정의한다. 첫째, 기후변화와 생태위기로 인해 파괴되어가는 생태계, 생물 종(種), 장소 등과 직간접적으로 관련된 삶, 문화, 정체성의 상실로 인해 경험하게 되는 슬픔, 둘째, 파괴로 인한 생태적 상실을 지속해서 목격 또는 관찰함으로써 경험하는 슬픔, 그리고 마지막으로, 앞으로 예상되는 파괴 때문에 슬픔을 느끼거나 불안을 겪는 정신적인 고통이나 심리 반응이다. 세 번째 슬픔은 미래의 불안감에서 오는 슬픔이며(=예기 슬픔), 앞으로 사라질 것으로 예상되는 미래에 대한 현재의 애도 결과이다. 마치 시한부 선고를 받고 경험하는 감정의 변화나 애도의 과정과도 유사하다.

생태슬픔은 우리에게 기후변화가 단지 추상적인 과학 개념이나 외부적 환경의 변화만이 아니라는 것을 상기시킨다. 자연에서 일어나고 있는 상실과 죽음이 내재화되어 개인의 감정이나 심리적 상실을 통해 드러난 것이다. 예를 들어, 캐나다 누나부트(Nunavut) 주에 사는 이누이트 족이 "우리는 바다 얼음(=해빙, sea ice) 사람들입니다. 그러나 더 이상 빙하가 없다면, 우리는 어떻게 바다 얼음의 사람들이 될 수 있을까요?"라고 외치는 것을 듣고 있노라면, 녹고 있는 빙하는 그들에게 단순한 얼음이 아니다. 그들 존재의 일부이며 정체성이 담겨 있는 것이다.[6] 빙하가 사라질 때 그들이 오랫동안 지켜 온 문화와 자아 정체성도 함께 잃게 된다. 우리 자신과 관련된 대상을 상실할 때는 그 죽음에서 나의 무엇인가도 함께 죽는다. 상실한 대상은 우리 존재의 한 부분으로 내면 깊숙이 통합되어 있기 때문이다.

---

6 우리나라에서도 유사한 사례를 볼 수 있다. 《경향신문》과 녹색연합이 기획한 '기후변화의 증인들'(2020)을 보면 기후위기를 마주하는 여러 이야기들이 소개된다. 증언하는 분들이 감정적인 언어를 사용하진 않지만 기후변화가 우리의 삶과 맺고 있는 밀접한 관계를 확인할 수 있다. 기후위기 최전선은 이누이트 족들이나 북극곰만 경험하고 있는 것이 아니다. 우리 역시 예외가 없다. http://news.khan.co.kr/kh_storytelling/2020/climatechange/

미국 심리학협회 APA(American Psychological Association)는 2017년에 기후변화로 인한 정신 건강과 자연재해로 인해 야기되는 심리적 트라우마를 요약한 「정신건강과 변화하는 기후」라는 보고서를 발간했다. 여기에서 앞으로도 파괴되는 생태계와 심각해지는 기후위기로 인해 생태슬픔(기후우울)과 관련되는 불안과 우울 등 감정의 유행이 증가할 가능성이 크다고 지적했다. 마치 코로나19로 인해 사회 안에 코로나 블루가 유행했던 것처럼 말이다. 특히 어린이들과 청소년들이 더욱 취약하다. 핀란드에서 생태불안에 대해 연구하는 피칼라(Pikahla, 2018)는 슬픔의 감정을 알아차리지 못하고 감정이 잠재되어 있을 때도 불안으로 드러날 수 있다고 한다. 그는 또한 생태불안이 인간의 존재적 의미와 관련된 본질적 의문이 들게 하는데, 이는 다른 종들의 멸종이나 문명의 끝을 마주하는 것 같은 종말론적 서사들을 접할 때, 인간 역시 하나의 종으로 우리의 죽음에 대한 불안을 느낄 수 있다는 것이다.

최근엔 다양하게 경험되는 생태슬픔(불안)을 표현하는 여러 용어도 소개된다. 호주 동부 뉴사우스웨일스 주의 헌터밸리에 사는 주민들은 많은 노천 석탄 광산들로 인해 파괴되는 삶의 터전을 보면서, 고향을 떠나지 않았음에도 마치 고향을 잃은 듯 무기력함을 느끼고 미래에 대한 희망을 상실하는 경험을 했다. 글렌 알브레히트(Glenn Albrecht)는 이를 '솔라스탤지어(solastalgia: 'solace(위안, 위로)'와 'nostalgia(향수, 고향에 대한 그리움)'의 의미를 담은 합성어이다)'라고 불렀는데, "집을 떠나지 않았음에도 집을 그리워하는 실존적 고통"을 의미한다. 핀란드의 피칼라(2020)는 '눈 불안(snow anxiety)'이라는 개념을 이야기했다. 핀란드 북쪽에 거주하는 사람들은 전통적으로 눈이 많은 환경에서 집과 같은 편안함을 느낀다. 그런데 지구 가열화로 인한 기온 상승으로 눈이 줄게 되었고 눈과 함께하는 시간을 잃으면서 신체적, 정서적으로 영향을 받게 되었다는 것이다.

생태적 상실은 다양한 범주에서 일어날 수 있다. 생태슬픔을 독특한 형태의 슬픔으로 명명한 최초의 학술 컬렉션인 『Mourning Nature』(2017)에서는 자연경관의 상실 또는 파괴, 동식물의 멸종 외에도 관련된 소리, 냄새와 같은 감각과 경험의 상실, 그리고 이와 함께 발생하는 공동체와 개인의 정체성 상실도 사례로 소개했다. 그러나 생태슬픔은 대체로 기후위기, 생태 파괴와 같이 광범위하고 지속적으로 나타나는 현상과 관련되기에 어느 범위까지를 인정해야 할지 명확하지 않다. 그럼에도 기후변화의 직간접적인 영향을 받는 많은 사람들, 과학자 그리고 활동가들은 기후위기 시대를 사는 자신들의 감정을 슬픔(또는 불안)이란 단어를 써서 설명한다. 거슬러 올라가자면 '대지 윤리(land ethic)'를 주장한 알도 레오폴드도 생태적 상실로 인한 정서적 피해에 대해 묘사한 초창기 사람들 중의 하나로 알려져 있다(Cunsolo, 2018).[7]『탄소사회의 종말』(조효제, 2020)[8]에서도 기후변화에 대한 기후 전문가들의 슬픔, 분노, 두려움과 같은 솔직한 마음들에 대해 이야기한다. 지금까지는 생태슬픔에 대해 인식하지 못하거나 간과해 왔지만 기후위기가 심각해짐에 따라 더 많은 사람들이 영향을 받을 수도 있어 더 많은 관심이 필요하다.

---

7 그의 저서 『모래군의 열두 달(A Sand County Almanac)』에서 "생태교육의 형벌 중에 하나는 상처받은 이 세상에서 홀로 살아가는 것이다"이라고 언급하고 있다.

8 "기후변화 생각만 하면 슬픔이 밀려옵니다. 무서움도 밀려옵니다. 그 어떤 것보다 더 두렵습니다. 강에서 사람들이 보트를 타고 있는 모습이 보입니다. 행복하게 손을 흔들며 사진을 찍습니다. 보트가 조금 뒤에 천 길 낭떠러지 폭포로 떨어져 모두가 죽을 수도 있는데 아무도 눈치 못 채는 것 같습니다. 아직도 물에서 빠져나올 수 있는 시간이 있는데도 말입니다" 조효제, 『탄소사회의 종말』, 21세기북스, 296쪽.

불편한 마음 너머

　기후위기와 같은 현실이 일상 속으로 들어올 때 그동안 추구해 온 편안하고 익숙한(또는 열망하는) 삶의 방식을 잃을 수 있다는 사실은 위협이 된다. 개인마다 차이가 있을 수 있겠지만 이런 깨달음은 우리에게 새로운 도전으로 다가온다. 우리가 추구해 온 삶의 방식과 가치가 도전받을 때 자아 정체성 또한 위협받는다고 느끼는데, 이는 개인의 삶에서 중요한 경험이 정체성의 일부로 받아들여지기 때문이다(Thomashow, 1995). 더구나 기후위기와 관련된 우리의 감정이 대부분 부정적(상실, 죄책감, 불안, 수치심, 절망 등)인 것이라 더욱 불편하다. 이런 감정들을 솔직하게 직면하고 이야기하는 것은 쉽지 않기 때문이다. 무엇보다 옳다고 믿어 온 가치와 신념이 바뀌어야 한다는 것을 깨닫는 과정에서 고통스러운 깨어남의 과정, 깨어남증후군(Waking up syndrome)이 수반되기도 한다(Buzzell and Chalquist, 2010). 깨어남의 과정은 확장된 차원에서 보자면 의식의 전환 과정에서 일어나는 긍정적인 해체 과정일 수 있다. 머리로 이해할 순 있겠지만 직접 겪어 내야 한다면 유쾌하지만은 않다. 그러나 우리가 정상적인 감정적 반응을 직면하지 않고 억제할 때, 그것은 우리

의 건강, 관계, 삶의 많은 측면에 스며드는 독성 있는 고통의 주
머니로 변모될 수 있다. 육체의 고통이 우리가 돌볼 때까지 계
속되듯, 감정적인 고통도 우리가 관심을 기울일 때까지 계속된
다. 상실을 온전히 직면하지 않고 슬퍼하지 못하면 무감각해지
거나 더 큰 죄책감으로 이어질 수 있다.

노르웨이의 사회학자인 노르가르드는 『거부하는 삶: 기후변
화, 감정, 일상생활(Living in denial)』(2011)에서 기후변화나 환경
위기에 대한 인식이 사회적으로 침묵되고 사회적 행동으로 변
환되지 않는 이유가 가치관이나 사고방식 외에 감정적, 정서
적 차원에도 있다고 말한다. 불편하고 부정적으로 느껴지는 감
정을 피하고 그동안 유지해 온 안정감을 지속하기 위해 부정
(denial)하고 무관심(apathy)해질 수 있다는 것이다. 기후변화에
대처하기 위한 감정이 무시되거나 사회적으로 용납될 수 없을
때, 그에 상응하는 인지적 연결 고리가 이어질 수 없다. 일반적
으로 우리 문화에서는 불편하고 무거운 감정들이 평가 절하되
지만, 사실은 더 필요하다. 부정적인 감정이란 없다. 견딜 수
없는 감정들에 미숙할 뿐이다. 우리 안에서 일어나는 복잡다단
한 마음의 움직임을 살펴보고 이해해 보면 어떨까? 이 감정들
은 내적, 집단적 차원에서 치유와 전환의 작업에 필요한 지혜

를 담고 있다. 부정적 인식과 불편한 감정들을 솔직하게 마주하고 성찰하는 심오한 도전을 통해 자신의 내면을 깊이 들여다보며 행동의 동기를 새롭게 할 수 있다. 생태슬픔의 여정으로 들어가기 위해 마음 안에서 이루어지는 역동을 좀 더 살펴보도록 하자.

생태슬픔: 마음의 움직임

생태슬픔은 앞서 말한 것처럼 슬픔이나 우울, 두려움과 같은 하나의 감정만으론 설명하기 어렵다. 여러 감정이 시간의 흐름에 따라 변화되고 때로 반복되는 모습을 보인다. 복잡하게 보이는 생태슬픔의 움직임을 이해하기 위한 시도들이 있었는데 몬태나 대학의 러닝(Running, 2007)도 그 시도자들 중 하나다. 그는 퀴블러 로스의 애도 모델을 기반으로 생태슬픔을 경험하는 과정에 대해 처음 소개했다.[9] 스위스 출신의 미국의 정신과 의사인 퀴블러 로스와 작가이자 죽음과 애도 전문가인 케슬러

---

9 퀴블러 로스의 모델은 다른 생태슬픔의 연구(Sheiffman, 2013; Davenport, 2017)에서도 인용되었다.

부정	**분노**
현실, 사실, 정보를 의식/무의식적으로 받아들이기를 거부, 압도되는 엄청난 사실	왜 나에게 이런 일이 분노 대상은 대중, 사회시스템, 우리 자신 분노가 슬픔보다 먼저 옴. 외부에 투사(과도하게 감정적)

타협	**절망**
만일을 계속 반복, 죄책감 수반, 자기 잘못 발견/성찰(상실의 고통에서 벗어나고자)	슬픔의 단계, 현실을 보게 됨. 슬픔과 공허함 속 상실감을 바라봄

수용
실제 현실을 받아들이며 새로운 현실 수용, 상실 후 역할, 정체성 재수립, 새 관계의 회복 치유와 적응

러닝(2007)이 퀴블러 로스의 애도 모델을 기반으로 생태슬픔(기후슬픔)을 이해하기 위해 적용한 모델

(Kübler-Ross and Kessler, 2005)는 말기 환자들이 자신의 죽음이나 사랑하는 사람의 죽음을 직면할 때 슬픔을 대하는 모습을 오랫동안 연구하며 거기에는 다섯 단계가 있음을 발견하였다. 물론 생태슬픔이 보통 경험하는 상실이나 죽음과는 다른 모습이긴 하지만, 여러 경험을 통해 생태슬픔을 겪는 마음 역시 퀴블러 로스가 설명한 단계들과 유사한 패턴으로 움직인다는 것을 알게 되었다. 생태슬픔이 보통 경험하는 상실이나 죽음과는 다른 모습이지만, 기후위기와 생물의 대멸종 시대를 살아가는 우리의 삶 안에서 충분히 겪을 수 있는 슬픔의 영역이다. 다음의 그

림은 러닝이 적용한 것으로 시간의 경과에 따라 현실을 마주하는 감정과 태도가 변화하는 것을 볼 수 있다.[10]

그러나 랜달(2009)은 러닝이 적용한 퀴블러 로스의 이론이 생태슬픔을 이해하는 데 적절하지 않다고 지적했다. 퀴블러 로스의 이론은 삶의 끝인 죽음을 향해 가고 있으므로 전환에 대한 희망이 반영되지 않는다는 것이다. 죽음은 결국 받아들여야 하지만 기후변화로 인해 경험되는 생태슬픔은 더 나은 삶을 만들기 위한 희망도 여전히 품고 있고, 전환이 요구된다는 면에서 차이가 있다. 랜달은 퀴블러 로스의 모델을 대신해 애도의 과정(슬픔을 겪는 과정)을 단계나 과정이 아닌 네 가지 과제 모델로 설명하는 워든(1983)의 이론을 '탄소 대화(Carbon Conversation)'라는 프로그램에 적용했다. 이 작업은 기후변화로부터 경험하는 다양한 감정들을 표현하고 죄책감과 방어적인 태도를 극복함으로써 일상에서 탄소 발생을 감소시키는 행동으로 연결하고자 하는 시도였다. 워든의 이론은 퀴블러 로스의 것과는 달

---

10 러닝의 모델을 참조할 때, 어쩌면 우리는 이미 현실을 마주하는 애도의 첫 단계를 거치고 있으며, 집단적인 부정(collective denial) 상태에 있는 것은 아닐까?

슬픔의 과업(task)을 수용하기	슬픔의 과업(task)을 거부하기 (가능한 부정적인 반응)
상실을 직면하고 인식(인지적, 감정적으로)	상실했다는 사실/상실의 의미/상실을 돌이킬 수 없다는 사실을 부정
슬픔의 고통스러운 감정을 경험(절망, 두려움, 죄책감, 분노, 수치심, 슬픔, 열망, 혼란 등)	모든 감정을 차단, 상실을 이상화, 타협, 알코올이나 약물을 통해 고통을 회피
새로운 자아감각으로 새 환경에 적응	적응하지 못하고 무기력해짐, 화를 내거나 우울
상실을 대신하여 감정의 에너지를 다시 쏟을 곳을 찾음	사랑을 거부하고 외면함

랜델(2009)이 적용한 워든(1983)의 모델 - 영국 탄소대화 프로그램에 활용(나선형)

리 각 단계의 과정이 선형적이지 않고 나선형에 가까워 시간이 지나도 작업이 재검토될 수 있다는 점에서 특징적이다. 해당 과업들은 순차적이 아니라 과정을 수용하고 거부하는 과업의 반복적 수행을 통해 슬픔을 경험하고 새로운 현실을 수용하며 앞으로 나아간다. 사람의 마음은 다 똑같지 않다. 러닝과 랜델이 제시한 모델들은 마음의 움직임을 이해하기 위한 시도일 뿐이다. 정해진 순서대로 경험하지 않을 수도 있고 속도와 표현 방법도 서로 다를 수 있다. 각자 고유한 여정을 겪으며 다양한 방법으로 자신의 슬픔을 경험하고 표현한다. 중요한 것은 서로의 다름을 존중해야 하고 때로는 천천히 기다려야 한다는 것이다. 상실을 회복하고 다시 연결할 수 있는 자신에게 맞는 방법을 찾아가는 것이 필요하다.

보통의 애도 과정에서는 슬픔을 직면하고 상실을 수용하면서 일단락될 수 있지만 기후위기는 앞으로도 악화될 여지가 있다는 점에서 차이가 있다. 생태슬픔은 마치 퇴행성 질환처럼 만성적으로 지속되고 반복될 수 있다. 그러기에 어려운 현실에서도 여전히 건강하게 상황을 마주하기 위해서는 마음을 알아차리는 것이 중요하다. 우리는 "사람들이 느끼는 비탄(grief-슬픔)과 불안을 인식해야 하며 모순, 양가감정, 상실, 애도와 같은 감정을 인정(마셜, 2018)"할 필요가 있다. 마음을 인식하고 직면하는 것은 위기의 시대를 살고 있는 우리를 위한 자기 돌봄일 뿐만 아니라 억눌리고 외면된 마음들을 존중하고 밖으로 표출되어 행동으로 이어지도록 도울 수 있다. 생태철학자 조애나 메이시(2007)는 스스로에 의해 명명되어 직면하고 경험될 때에야 얼어붙은 마음들이 녹고 새로운 힘이 생긴다고 했다. 지구와 우리의 치유와 회복을 위한 적극적인 응답 차원에서의 행동을 위한 생태적 애도가 필요하다. 지금 겪고 있는 기후위기가 큰 도전이기는 하지만, 우리의 삶은 그보다 더 큰 의미를 지닌다는 것을 깨달아 가는 과정이다.

생태슬픔의 이름 불러 주기

나의 생태슬픔(불안)을 알아차리고 고유한 이름을 불러 보자. 나의 생태슬픔은 어떤 모습(색, 향기)인가? 나는 무엇이 가장 걱정되고 두려운가? 어떤 것이 나의 마음을 가장 힘들고 고통스럽게 하는가? 곰곰이 머물러 보며 나의 이야기(키워드)를 적어 보자. 주변의 사람들과 서로의 이야기를 나누는 것도 좋다. 나의 언어로 경험하고 이야기할 때, 각자의 삶에 담긴 울림도 공명된다.

나만의 돌봄 경계를 설정

나의 마음을 돌보고 살피는 것도 필요하지만, 평소에 나의 생태슬픔이나 불안의 수준을 알아차리는 것이 필요하다. 점점 더 슬프고 우울해지는 나를 발견한다면(또는 소화불량, 수면 장애, 만성피로 등과 같이 몸으로 전해지는 반응도 있다) 소셜 미디어, 뉴스, 활동 등을 잠시 중단하고 자신을 스스로 사랑하고 돌봐야 할 시간이다(자연 속에서 시간을 보내거나 친구/공동체와 대화, 명상 등 무엇이든!). 무거운 감정에 압도되지 않도록 자신만의 경계를 설정해 두어야 한다. 이로부터 잠시 떠난다고 해서 부끄러워하거나 죄책감을 느끼지 않아도 된다. 삶을 지속적으로 이어 가기 위한 회복과 쉼의 시간이다.

한 걸음 더, 생태슬픔을 넘어 전환의 축복으로

생태슬픔이란 낯선 길 앞에 여전히 두렵고 불편한 마음이 들 수 있다. 분명 무겁고 어려운 감정이며, 경험한 적 없는 도전이다. 그러나 당신을 찾아온 특별한 슬픔과 불안이 드디어 우리의 관심을 끌고 있다는 것을 알고 있는가? 그것은 세상과 자신을 분리해 놓은 칸막이를 꿰뚫어 볼 수 있게 이끌어 줄 것이다. 우주 안에는 고립된 자아가 없다. 서로 얽히고 긴밀히 연결된 삶의 우아한 춤이 생명으로 돌아가는 전환의 여정으로 우리를 초대한다. 지금 경험하는 지구적 상실의 슬픔은 우리를 다시 온전한 생태계의 일원이 되는 확장된 정체성으로 나아가게 하는 잠재력을 가지고 있다. 이제는 파괴되고 훼손된 지구와 우리 자신을 진실하게 직면하고 그동안 살아온 죽음을 향한 삶의 방식을 애도하는 법을 배워야 한다. 스스로 전환을 향해 나아갈 수 있을 만큼 세상의 고통을 마음 안에 충분히 품고 있을 때 우리가 행동하는 데 필요한 용기와 희망을 발견할 수 있다. 생태슬픔이 기후위기 시대를 사는 우리에게 선물이 되는 이유이다. 생태슬픔이나 불안과 연결된 사랑은 우리가 세상에서 고립되어 있지 않으며 종을 넘어선 연민을 느끼고 있는 것임을 몸과 마음으로 깨닫게 도와준다. 여기서 중요한 것은 슬픔을 느끼는 것이다. 사랑하기에 슬프고 슬픈 만큼 사랑한다는 것을 알 수 있다. 우리는 사랑하지 않는 것을 상실할 때는 슬픔을 느끼지 않기 때문이다. 생태슬픔의 뒷모습은 연결과 사랑을 품고 있다.

기후우울증과
마음의 생태학

신승철

기후위기는 마음의 위기다!

2022년 여름, 스페인과 포르투갈에는 엄청난 폭염과 이에 따른 산불로 인해, 기후 파국이 이미 현실로 다가오고 있음을 실감하게 했다. 이제 기후 재난은 더 이상 미래의 예고가 아니라, 우리의 코앞에 닥친 명백한 현실이다. 우리는 임박한 위기 상황에서 뉴스와 기사를 보고 들으면서 기후위기에 대한 정보와 지식, 과학적 내용을 섭렵한다. 그러나 기껏해야 생존주의의 반응으로서의 개인적 해법을 통해서 "우리 가족이라도 살아야지"라고 발언하는 데 그친다. 이렇듯 기후위기에 대해서 대량으로 발신되는 정보와 지식은 "왜 이런 일이 일어나는가?"를 얘기할 뿐 "우리가 어떻게 해야 하는가?"를 얘기하지 않는다. 심지어 인간종 멸종도 기정사실화하며 "될 대로 되라!" 식의 발언을 하는 이들까지 등장하고 있다. 그러한 상황에 편승하여 "모든 것이 끝났다, 아무것도 하지 마라. 무얼 하려 하면 더 망가진다."라며 자신이 초월자인 양 포장하는 지식인들의 모습은 염치없고 구차하다. 이러한 패배주의적 체념이나 개인적 생존주의는 결국 무책임을 미화하고 자신을 제외한 인간 전체를 하찮은 존재로 내팽개쳐 버린다.

이러한 상황에서 생태슬픔, 기후우울증이 우리의 마음을 급습하여 위기의 신호를 보내고 있다. 지구의 위기와 마찬가지로 마음의 위기는 우리를 더욱 우울, 침잠, 분열의 상황으로 이끌고 있다. 이는 실존적 위기 상황에 직면한 밑바닥 감정이라고 할 수 있다. 여기서 실존주의가 말하는 실존의 네 가지 차원인 유한성, 무상성, 전락성, 유일무이성을 통해 마음의 위기를 정리해 볼 수 있다.

먼저 유한성은 한계, 끝, 죽음을 알았을 때 직면하게 되는 실존적 상황이다. 그 상황에서 끝, 죽음, 유한성을 깨닫고 삶에 더 최선을 다하는 것을 생각해 볼 수 있는데, 이를 실존주의의 시초점을 연 하이데거는 현존재(Dasein)라고 말했다. 이는 '될 대로 되라'는 속인(Das Man)의 태도와 구분되는 실존의 개방이다.

둘째로 무상성은 모든 것이 덧없이 끝날 것을 알았을 때 직면하게 되는 실존적 자각이다. 그러나 우리는 무상성 자체를 허무로 응답하는 것이 아니라, 지금-여기-당장의 삶 자체를 온전히 받아들이는 것으로 향할 수 있다. 불교에서 말하는 무아(無我)나 무념무상(無念無想) 상태도 무상성과 공명한다. 이것은 지극히 허무주의적인 것이 아니라, 삶 자체에 대한 강건한 응시와 관찰로도 나타날 수 있다.

셋째로 전락성은 밑바닥 감정으로 떨어질 때 직면하게 되는 실존적 상황이다. 그러나 그 밑바닥에서 다시 솟구쳐서 주체성 생산으로 향할 수 있는 하나의 계기라고도 할 수 있다. 완전한 곤두박질은 반동으로서의 되튀어 오르는 새로운 주체성의 약속 속에서 연꽃과 같은 희망과 자비의 미학적 삶의 개방으로 향한다.

마지막으로 유일무이성은 '세상에 단 하나밖에 없는 존재'이자 '생애 단 한 번뿐인 시간'에 대한 응시에서 시작되는 실존적 통찰이다. 하이데거는 이를 '존재'와 '시간'의 문제로 사유했다. 유일무이성은 찰나의 시간과 지속의 존재 둘 다에서 서식하며, 기후행동의 결단의 순간과 기후살림으로 향한다.

그러나 우리는 실존주의를 넘어선 실존까지도 응시해야 할 것이다. 자신의 유한함을 자각한 사람들이야말로 미래 세대를 위해서 판을 짜는 일을 시작할 수 있다. 모두 판 짜는 자라는 점에서 선수지만, 처음 해 보는 일을 하면서 특이성을 발휘해야 한다는 점에서 아마추어이다. 이처럼 서로의 특이성을 드러내는 공동체의 판을 개방하는 것이 바로 실존주의를 넘어선 실존의 시작이다.

결국 실존주의가 제시하는 생태슬픔의 마음의 구도는 우리를 판 짜는 자로서의 새로운 지평으로 이끈다. 그것은 실존적 위기 상황인 기후위기의 시대를 살아가면서 우리가 삶, 사랑, 실존을 응시하는 가운데 발견하는 지혜이다.

기후위기의 마음

기후우울증과 마음을 응시하는 마음

기후위기 시대의 실존에 대한 자각은 '마음을 응시하는 마음'이라는 색다른 구도의 마음살림을 필요로 한다. 그레고리 베이트슨(Gregory Bateson)은 『마음의 생태학』(2006, 책세상)에서 마음에는 여러 층위가 존재한다고 말한다. 마음 위에 마음이 그 위에 또 마음이 지층을 그리며 마음의 층위를 응시하는 것이다. 이 지층을 좀 더 구체적으로 구분해 보자면, S(자극)→D(반응), 맥락화된 마음, 탈맥락화된 마음, 초맥락화된 마음이 지층을 이루고 있다. 우리가 주목하는 것은 맥락화된 마음만이 아니라, 굴절되고 협착되고 분열된 탈맥락화된 마음이다.

베이트슨은 마음에 분열이 발생할 때 보완적인 면과 대칭적인 면이 함께 작동한다고 보았다. 내향적인 분열자 옆에 외향적인 분열자가 존재하며, 서로에게 영향을 주고 받는다는 것이다. 이런 분열된 마음은 이중구속(double bind)의 배리(背理)의 원리에 따라 두 개의 모순된 발신음이 동시에 수신되는 상황으로 나타난다. 예를 들어, 아버지가 아이들에게 "나를 넘어서라! 나처럼 되지 마라"라고 말하면서 그렇게 쿨하게 말하는 자신을 존경해 주기를 바라는 경우와 같은 것이다. 베이트슨은 이런 분열된 마음은 초맥락적 마음의 응시를 통해서 해결된다고 보았다. 더 영성적이고 미학적이고 윤리적인 상위의 마음을 통해 자신을 응시할 때, 마음의 배치를 재배치하면서 그 이중구속의 구조에서 빠져나올 자기 원인의 경로를 개척할 수 있는 것이다.

이러한 '마음을 응시하는 마음'은 불교의 지관법(止觀法)에서도 드러난다. 프란시스코 바렐라((Francisco J. Varela)는 『몸의 인지과학』(2013, 김영사)에서, 지관법은 생각의 멈춤을 통해서 자신을 장악하고 있는 잡념을 버리고 집중으로 향하는 것이라고 설명한다. 이 과정에서 호흡이나 바디스캐닝을 통해서 마음이 몸과 호흡의 움직이는 바를 온전히 경험하도록 만든다. 이는 무념무상으로 나아가기 위해서 몸의 감각을 들여다보며 집중하는 방법이기도 하다. 다시 말해 부지런히 무언가를 '생각하고 있을 때'가 아니라, '멍 때리고 있을 때' 마음은 더욱 무언가에 집중하고 있다는 점이 드러난다. 마음은 쉴 새 없이 작동할 때가 아니라, 고요와 평화 속에서 더 또렷해진다. 이를 통해서 몸의 일련의 모든 변화가 마음속에서 떠올랐다가 사라지고 호흡에 집중하면서 온전히 마음을 경험할 수 있게 되는 것이다. 바렐라는 "집중의 명상이 가져다주는 첫 번째 큰 발견은 마음의 본성에 관한 총괄적인 통찰이라기보다는 바로 코앞에서 벌어지는 경험에 대해서도 인간이 한없이 산만해질 수 있다는 뼈에 사무치는 깨달음이다."(66쪽)라고 말했다. 즉, 명상은 거창한 깨달음이 아니라 산만한 자신을 자각하는 순간에서 출발한다. 그렇게 해서 우리는 마음속에서 일어났다 사라지는 감정의 흐름과 몸의 변화를 호흡과 함께 응시할 수 있게 된다.

마지막으로 '마음을 응시하는 마음'은 프랑스 철학자 미셸 푸코(Michel Foucault)의 『성의 역사3- 자기 배려』(2004, 나남)에서도 등장한다. 푸코는 자기 통치, 자기 연마 개념에서 자기와 자기 자신이 맺는 관계 설정을 모든 윤리의 출발점으로 제시한다.

이를테면 '1인칭 나'로서의 나쁜 짓을 하는 나와, '3인칭 나'로서의 그것을 응시하는 나 사이의 관계 속에서 자기 배려의 테크놀로지가 작동한다. 푸코는 "자기 연마, 자기 통치 없이는 타자 통치는 없다"는 고대 그리스의 격언을 들면서, 자기와 자신과의 관계가 모든 관계의 출발점이라고 얘기했다. 이러한 자기-자신의 관계는 그리스인 조르바처럼 강건하고 아무런 거리낌 없는 자유로운 삶의 형식으로 나타난다. 이는 자기와 자기 자신이 끊임없이 초점 조절, 힘 조절, 거리 조절을 하면서 가장 미학적이고 윤리적인 생활양식과 행동으로 향하도록 만드는 것을 의미한다.

기후우울증이나 생태슬픔은 분명 밑바닥 감정으로 떨어지는 전락성 속에서 마음의 위기에 직면하도록 하는 구석이 있다. 그러나 홀로 혹은 여럿이 '마음을 응시하는 마음'을 구축할 때 홀연히 유한함, 한계, 끝을 응시하는 마음이 생기거나 밑바닥 감정에서 되튀어 오르는 주체성 생산이 가능해진다. 그런 점에서 우리는 마음의 위기를 겪고 있는 우리 자신의 마음을 들여다볼 필요가 있다.

마음의 여러 종류와 기후행동에 나서기

마음에는 여러 종류가 있다. 우리가 경험하는 마음의 의미와 관계 좌표를 지도로 제작하기 위해, 하나하나 살펴볼 필요가 있다. 이는 생태슬픔으로부터 벗어나기 위한 마음의 경로를 개척하는 사전 준비 작업이기도 하다.

① 몸에 서식하는 마음, 즉 피부의 곁에 들러붙어 있는 마음이나 두뇌의 겉 표면(=대뇌피질)에 붙어 있는 기억, 장내 미생물의 상태에 따라서 변화하는 마음이 먼저 있다. 몸과 마음은 평행을 달리기 때문에, 우리의 마음을 들여다보기 전에 먼저 유한한 몸을 살피는 것이 문제의 해법이 되기도 한다. 간혹 장내 미생물의 불균형으로 장 건강에 이상이 생겨도 우울한 마음이 생기는 법이다. 그런가 하면 햇볕을 쬐지 않아 비타민D가 부족하기만 해도 마음이 가라앉는다. 이유없이 마음이 혼란스러울 때 잘 살펴보면, 피부가 간질거리거나 사소한 몸의 불편함이 집중을 방해하고 있을 수도 있다.

② 사물, 기계, 생명 등에 서식하는 마음, 즉 부부의 침실에도, 텔레비전에도, 축구경기장에도, 컴퓨터와 인공지능에도, 뾰족한 물건에도 '기계적 무의식'이라는 형태의 마음이 서식한다.

광활한 바다를 보며 내 마음속에 바다가 있는지, 아니면 바다 곁에 내 마음이 서식하는지 점검해 보아야 한다. 뾰족한 것을 보고 나의 마음속에 불안과 두려움이 있는지, 혹은 그것이 뾰족한 것 속에 깃들어 있는지를 묻는 일 또한 중요하다. 우리가 '내 마음'이라고 철석같이 믿고 있는 것도, 사실은 객체 지향, 다시 말해 대상에 서식하는 마음이 대부분이다. 그래서 물건, 기계, 생명 자체는 수많은 마음을 몰고 다니며 우리의 마음을 움직이게 하는 원천이다.

③ 모종의 복잡성에 수반되는 마음, 즉 프루스트의 『잃어버린 시간을 찾아서』에서 '꽃피는 아가씨들의 성운'과 같은 마음이 있을 수 있다. 모종의 복잡성이 만드는 배치(agencement)는 마음을 수반하고 어떤 특이점의 계기를 만들어 낸다. 그 특이점이 '나서는 자', '책임 주체'라 하더라도 마음은 이미 모종의 복잡성의 판을 깐 사람들에 의해서 배치되고 재배치된다. 이 소설에서 꽃피는 아가씨들의 성운 이야기는, 새들처럼 지저귀는 아가씨들에 미혹되어 그중 한명과 결혼했다가 어느덧 권태기에 접어들었을 때, 자신이 사랑한 것은 새들처럼 지저귀는 아가씨들의 관계 성좌 그 자체였음을 깨닫는 미친 사랑의 이야기이다. 우리는 종종 배치 속에서 그 배치가 만든 마음에 미혹되곤

한다. 하지만 그 배치 자체가 주는 강건함이나 용기는 우리를 기후행동으로 나서게 하고, 우울하고 고립된 개인으로부터 벗어나게 한다.

④ 너와 나 사이에서 생성되는 마음, 즉 사이 주체성(inter-subjectivity)의 영역이다. 관계망의 창발, 혹은 공통성(common)—공유 자산, 집단지성, 공유경제, 공유지 등—의 논의에서 마음은 이러한 '사이'의 장에 깃든다. 너와 내가 만나는 과정에서 경계가 뚜렷해서 개개의 시민으로서 분리될 수도 있지만, 그 경계가 흐릿해서 "너일 수도 나일 수도" 있는 혼재면이 형성될 수도 있다. 그 가운데 "내 것도 네 것도 아닌" 공유 자산이 형성된다. 그 과정에서 주체성 생산이 일어난다. 너와 나 사이 경계를 흐릿하게 만드는 과정은 우리 자신의 딱딱한 지층들—계급, 지위, 신분, 성별, 나이—을 버리고 새로운 이야기 구조를 짜는 데서 시작될 수 있다. 이러한 판을 짜는 것이 바로 나서는 자들을 만드는 주체성 생산이라는 과정이다. 우리는 이러한 사이 주체성 현상 속에서 세상과 분리된 채 우울해하는 마음으로부터 벗어날 계기와 기회를 갖게 될 것이다.

⑤ 확고하게 의식하는 마음이다. 마치 갈고리처럼 낚아채는 파충류의 마음이라고 할 수 있다. 의식이 필요한 순간은 도구

적 사고가 작동할 때이기도 하지만, 동시에 관계의 배치가 갖는 각각의 특이점들에 대해서 생태 민감성을 가질 때이기도 하다. 생태 민감성은 각 특이점을 한꺼번에 의식하면서 자신의 행동과 생각을 결정하는 능력이다. 단지 그 배치를 초월하여 자유롭게 결정할 수 있다고 생각하면, 그러한 생태 민감성이 생기지 않는다. 생태 민감성은 동시에 공동체성이다. 의식의 부정적인 측면을 다 제거하면 우리는 관계 성좌를 한꺼번에 의식하면서 함께 공동 생산, 공동 제작을 할 수 있는 생각의 영역으로 향할 수 있게 된다. 우리는 그래서 깨어 있어야 하고, 의식적으로 살아야 한다. 민감해지고 유연해짐으로써 연결망 전체를 수용하기 위해서 그렇다는 것이다. 반면, 단순히 도구화하는 '파충류의 마음'으로서의 의식은 독이 되고 해가 될 뿐 결코 좋은 마음의 방향이 아니다.

⑥ 유한자의 마음, 즉 유한자의 실존 좌표에서의 마음도 하나의 특이점이다. 그것은 자신의 욕망, 광기, 죽음 등의 유한성을 깨닫고 내려놓는 마음이다. 무언가에 초탈해서가 아니라 진정으로 자신의 끝을 알기 때문에, 마음의 배치는 자유롭지만 불안한 상황으로 나아간다. 그것은 자유의 지평을 여는 것임에도 불안정성, 혼돈, 불안, 두려움의 색채가 섞여 있는 마음의 영역

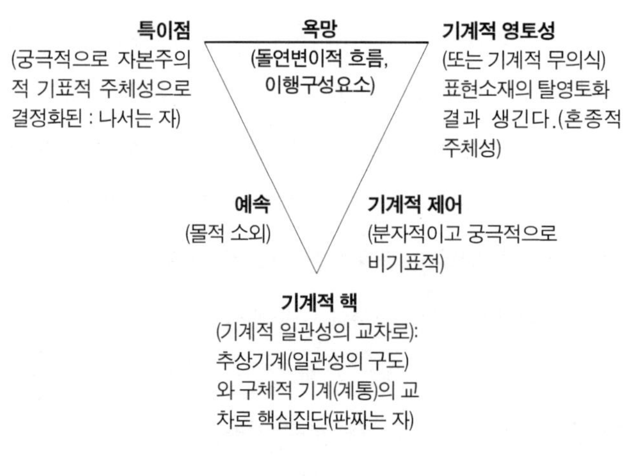

〈3차원의 분열 분석〉

* 가타리, 『기계적 무의식』, 2003, 231쪽

이다. 그러나 지금-여기-당장이 처음이며 마지막인 유일무이하고 단독적인 시간임을 깨닫는 순간으로서의 삶의 과정이기 때문에, 우리는 옆자리 동료와 친구와 함께 어깨를 겯고 강건하게 나아갈 수 있다. 이러한 실존적인 강건함은 공동체적 관계망 속에서의 우정을 통해서만 획득될 수 있다. 모두가 친구인 상황에서 연대하는 마음, 돌보고 아끼는 마음으로 함께 기후행동에 나서는 동지에 대한 마음이 그것이다.

⑦ 마지막으로 초월자의 마음, 즉 초자아의 수용 좌표에서의

마음도 특이점 중 하나이다. 종교인들이 보여주는 신, 국가, 아버지라는 초자아에 자신을 내맡기는 마음의 양상이다. 유한자의 실존 좌표 아래 자유롭지만 불안한 것이 아니라, 거대한 초월자 앞에서 아주 작은 자신을 느끼며 평화롭고 안전한 마음의 영역이 열림을 깨닫는다. 그러나 이러한 고요와 평화의 거대한 마음의 양상은 영원성과 무한성의 표징을 통해서 유한함을 깨닫는 과정일 수 있다. 이는 옆 동료와 어깨를 걷고 세상을 대면하는 유한자의 실존 좌표와 달리, 큰 존재로서의 초자아에게 고개를 숙임으로써 얻게 되는 평화의 마음이다. 보통의 경우에는 유한자의 실존 좌표와 초자아의 수용 좌표는 교차적으로도 관찰되고 경험되는 마음이다. 어떠한 경우에도 기후행동으로 나아가면서 생태슬픔을 극복하기 위한 경로로서 의미가 있다.

우리는 여러 마음의 좌표를 그리면서 주체성 생산의 계기로서 마음의 생태 지도를 그려 볼 수 있다. 여기서 주체성 생산은, 나서는 자의 발생기의 과정으로서 '그 일을 해낼 사람을 만드는 것', '뜻과 지혜와 아이디어를 가진 우리 중 어느 누군가를 만들기'라고 할 수 있다. 이러한 나서는 자를 만드는 과정을 면밀히 관찰해 본 사람은 아마 느낄 수 있겠지만, 그것은 관계망 없이는 사실상 불가능한 부분이다. 관계망은 판 짜는 자의 스튜어

드십, 다시 말해서 집사 마인드에 따라 부추기고 양육하고 도모하고 모시고 살리고 돌보는 일련의 과정에서의 탄생물이다. 이를 관계망 창발로서의 판 짜는 자의 스튜어드십 과정이라고 한다. 판 짜는 자들은 다양한 마음의 좌표를 면밀히 고려하면서 생태적 다양성의 판을 짬으로써 그 속에서 다양한 냄새, 색채, 음향, 몸짓, 표정 등의 비기표적 기호들이 오가며 뜨거워질 수 있는 잠재성을 도모한다. 이를 통해서 공동체의 관계망이 정동의 강렬도가 뜨거워졌을 때, 가수가 아닌데 노래를 하고, 아나운서가 아닌데 사회를 보는 등의 행위 양식이 구성된다. 여기서 가수, 아나운서가 '책임 주체'라면, 가수가 아닌데도 노래를 한 사람, 아나운서가 아닌데도 사회를 본 사람은 '사이 주체성'이라고 부를 수 있다.

위 그림의 구도에서도 알 수 있듯이 판 짜는 자, 나서는 자, 혼종적인 주체성 양상은 각각의 새로운 관계 설정을 통해서 욕망 관계, 예속 관계, 기계적 제어 관계를 형성한다. 이 모든 삼각형의 구도가 하나의 팀을 이루어서 각각의 역할에서 정동과 활력을 배가할 때 우리는 기후행동으로 향하는 거대한 판을 그려 나갈 수 있게 된다.

탄소발자국의 태생적 한계와 기후행동

세계적인 석유 기업인 브리티시 페트롤리엄(British Petroleum)
은 홍보 전문가를 동원하여 기후위기의 원인을 개인에게 전가
하기 위한 대규모 홍보 캠페인을 진행한 바 있다. 그 과정에서
'탄소발자국(carbon footprint)'이라는 개념이 등장했고, 브리티
시 페트롤리엄은 대대적인 홍보와 선전으로 이를 기정사실화
했다. 2004년에는 개개인이 일상에서 배출한 이산화탄소의 양
을 계산하는 '탄소발자국 계산기'라는 장치를 공개하여, "기후
위기는 당신 탓"이라는 메시지를 기술적으로까지 입증하려 했
다. 그러나 문제가 된 것은 당시 브리티시 페트롤리엄의 재생
에너지 투자액이 총 이익의 3.2%에 불과했다는 점이다. 이것은
탄소발자국 담론이 본질적으로 책임을 회피하기 위한 기만전
술이었으며, 사태의 본질을 흐리게 만들려는 지극히 의도된 공
작이었다는 점을 드러낸다. 이러한 선전선동의 혜택을 입은 브
리티시 페트롤리엄은 2019년 '탄소발자국 줄이는 방법'을 공개
하면서 더욱더 개인의 책임을 강조했다. 이에 대해 법학자이자
과학사 연구자인 벤자민 프란타(Ph.D Benjamin Franta)는 "이것은
아마도 가장 성공적이고 기만적인 PR 캠페인 중 하나"라고 비

판했다.

　이제 우리는 탄소발자국 담론에 대해 결정적인 판단을 해야 할 시점에 이르렀다. 기후위기가 '모두의 책임'에 따라 개인의 죄책감을 유발하는 데 머무는 것이 아니라, 석유 기업·석탄화력발전소·전기용광로·대기업 등과 같이 '책임져야 할 부분의 책임'이 분명하다는 점에 주목해야 할 것이다. 개인이 아무리 탄소를 감축하려고 해도 제도와 시스템이 그대로 온존하고 있다면, 그것은 실효성 있는 기후행동이라고 할 수 없다. 한국기업지배구조원의 발표에 따르면, 개인들은 탄소 감축을 통해서 가정의 탄소 배출량을 평균 5.4% 줄였던 데 반해, 대기업 100곳이 한국 온실가스 배출의 87%를 차지하고 있다는 보고에 주목해야 할 것이다. 심지어 상위 1%인 10대 기업이 전체 온실가스 배출의 50%를 배출하고 있고, 1위 포스코 한곳에서 전체 배출의 11%를 차지하고 있는 상황이다.

　시민들의 탄소발자국 줄이기 노력은 분명 귀하다. 그러나 이러한 눈물겨운 노력의 배후에, 대기업의 책임회피 논리가 작동한다는 점에는 문제가 있다. 모두의 책임이라면서 개인들에게 죄책감만을 불러일으키는 것은 결국 진정한 책임 소재를 감추는 것에 불과하다. 기후행동은 대기업, 석탄화력발전소, 석유

기업, 전기용광로 등에 적극적으로 문제제기함으로써 시작될 수 있다. 왜냐하면 과도한 죄책감은 우리에게 기후행동에 나서야 할 결정적인 시점을 놓치게 하는 족쇄일 뿐이기 때문이다. 탄소발자국 줄이기 행동은 뜻있는 시민들의 노력이지만, 더 결정적인 기후행동은 대기업에 문제를 제기하고 제도와 시스템을 바꾸기 위해 시민들이 압박과 저항에 나서는 행동이다.

《소년한국일보》 2015년 2월 10일 자 기사 〈탄소발자국 지우기… "작은 약속으로 함께해요"〉에서 제시한 탄소발자국 지우기 방법은 이러하다. "TV 시청 시간을 1시간 줄이기(1년 동안 무려 7.4kg 감축), 양치 컵 사용(하루 0.04kg 감축), 컴퓨터 절전 프로그램 사용(하루 0.47kg 감량), 가전 기기의 플러그 뽑기(하루 1.19kg 감축), 전등 1시간 끄기(하루 0.18kg 감축), 전기장판 사용 1시간 줄이기(하루 1.78kg 감축), 겨울철 실내 온도 20℃ 유지하기(하루 4.37kg 감축), 여름철 냉방 온도 1℃ 높이기(하루 1.08kg 감축)".

〈한국기후·환경네트워크〉[1]의 탄소발자국 지우기 방법은 이러하다(2026년 1월 기준). 컴퓨터 절전 프로그램(그린터치) 사용

---

1 http://www.greenstart.kr

하기(연간 17.7kg감축), 에너지 효율이 높은 TV 사용하기(연간 37.1kg 감축), 전기밥솥 보온 시간 3시간 줄이기(연간 25.9kg 감축), 종이 타월 대신 개인 손수건 사용하기(연간 10.5kg 감축), 종이컵 대신 개인 컵 사용하기(연간 3.5kg 감축), 자동차 대신 1주일에 한 번 대중교통 이용하기(연간 469.4kg 감축), 겨울철 보일러 난방온도 2℃ 낮추기(연간 71.4kg 감축) 등이 그것이다.

문제가 되는 것은, 개인들이 온실가스 배출을 줄이기 위해 텀블러를 아무리 열심히 사용하더라도 석탄화력발전소가 한 번 가동되면 텀블러 1억 잔의 효과가 한순간에 사라진다는 점에 있다. 결국 시스템에 대한 문제 제기 없는 개인적인 실천에는 한계가 있는 것이다.

물론 예외적으로 개인의 책임이 상대적으로 큰 영역도 있다. 대표적인 예가 육식 소비다. 저녁 식탁에 오른 소고기 1kg이 이산화탄소 25kg을 배출했다. 이처럼 투입 대비 산출이 25배에 달하는 탄소집약적 식습관은 극도의 비효율성을 전제로 한다. 따라서 개인이 실천할 수 있는 가장 확실한 기후행동 중 하나는 채식으로의 전환이다. 그러나 채식만으로 혹은 생활양식을 변화시키는 것만으로는 기후위기를 막을 수는 없다. 대기업과 시스템에 문제를 제기하지 않는다면, 우리의 실천은 결국 기업이 조장한 죄책감과 우울감 속에서 정지된 우울로 귀결될 뿐이다.

우리는 더 이상 침잠해 있을 여유가 없다. 지금 필요한 것은 죄책감이 아니라 용기있는 행동이다. 적극적인 기후행동만이 지구를 지킬 수 있다.

기후위기와 관련된 마음과 성좌

넓이의 마음

'넓이의 마음'의 양상은 다양하다. 피부가 간질거릴 때 생기는 마음, 장이 불편할 때 생기는 마음, 물건에서 유래된 마음, 생명에게서 유래된 마음, 기계에서 유래된 마음, 자연에서 유래된 마음, 갈고리로 낚아채듯 핵심으로 향하려는 파충류의 의식의 마음, 곁과 가장자리에서 서식하는 정동의 마음, 욕망과 같이 일관된 방향으로 흐르는 마음 등처럼 몸과 관계 속에서 다양한 마음이 만들어지고 사라지고 있다. 하나하나 살펴보자. 사물로부터 유래된 마음은, 선물로 받은 액세서리를 맨질맨질할 때까지 만지며 느끼는 마음이다. 생명으로부터 비롯된 마음은 고양이의 하품에도 웃음이 나는 그런 마음이다. 자연으로부터 비롯된 마음은, 왠지 석양이 유난히 멋있는 이유가 기후위기 때문이라는 것을 깨달을 때의 마음이다. 기계로부터 비롯된 마음은, 마치 거미족과 같이 스마트폰을 만지작거리며 누군가와 연락이 되기를 바라는 금요일 오후의 마음일 수도 있다.

이러한 '넓이의 마음'을 설명하려고 한 사람이 펠릭스 가타리이고, 그 개념의 창안자는 질 들뢰즈이다. 그 두 사람은 '기계적 무의식'이라는 개념을 통해서 스피노자의 무의식 개념을 단박에 복권시켰다. 기계적 무의식은 생명, 자연, 기계 사물 등 대상이나 객체로 간주했던 것의 주변과 곁에 서식하는 무의식이다. 가족의 침실에도, 축구경기장에도, 텔레비전에도 서식하는 무의식 말이다. 미디어에 의해서 무의식이 대량 생산되는 오늘날은, 프로이트 이론에서처럼 꿈·실수·농담으로 드러나는 무의식이 아니라 '기계적 무의식'의 시대이다. 우리는 여름날 광활한 바다 앞에 섰을 때, 그 바다가 우리의 마음에 있는 것인지, 우리 마음이 바다에 서식하는지 궁금해질 때가 있다. 마찬가지로 뾰족한 나이프와 포크를 볼 때 두려움과 공포가 나의 마음 때문인지, 대상에서 유래하는지에 대해서 궁금해지기도 한다. 물론 나이프와 포크를 가지런히 놓는 정동의 발휘가 결국 '맛있다'로 이행하지만 말이다. '맛있다'는 감각 또한 마찬가지다. 음식을 보고 침이 고이고 손이 먼저 가기 때문인지, 아니면 마음 자체에 맛있다는 생각이 내재해 있기 때문인지 우리는 알 수 없다.

사물, 기계, 자연, 생명과의 혼종적 주체성 양상이 전면화된 오늘날, 그것은 '포스트휴먼' 담론으로 얘기되고 있다. 넓이의 마음은 혼종적 주체성의 발생을 예고하고 있지만, 혼종적 주체성이 와해되고 해체되어도 인간 자체의 절멸이 아님을 분명히 하는 구성적 인간론(=주체성 생산)으로 나아가고 있다. 이러한 구성적 인간론의 예로, 생태계의 특이점으로서의 인간을 얘기한 그레고리 베이트슨의 구도를 생각해 볼 수 있다. 베이트슨은 모종의 복잡성 즉, 생태적 다양성이 어우러질 때 마음이 수반된다고 보았다. 다시 말해 생명, 사물, 자연, 기계 등 다양한 선택지로서의 특이점이 어우러질 때 그 속에서 주체성 생산이 이루어진다는 것이다. 그 외에도 여러 가지 사례가 있다. 피터 싱어는 고통받는 동물의 대리인으로서의 동물해방운동가를 호출했다. 신학자인 헨리 H. 바네트와 프랜시스 쉐퍼는 자연과 생명의 시중꾼으로서의 인간을 요청했다. 그 두 사람은 피조물을 양육하는 인간은 신의 의무를 다하는 것이라고 말한다. 마지막으로 소농이자 철학자인 웬델 배리는 대지의 양육자로서

대지를 돌보고 양육하고 보살피는 인간, 즉 소농을 제시했다. 이 모든 구성적 인간들은 혼종적인 주체성을 더 강건하고 생산 적으로 만드는 존재들이다.

깊이의 마음

'깊이의 마음' 혹은 '잠재성의 마음'의 양상은 다음과 같다. 마 음의 깊은 곳에는 쉽게 단정 짓지 않고 말을 아끼면서 문제 설 정과 마주하려고 하는 지혜, 증여와 호혜의 선물을 건네고도 자 신의 이름을 밝히지 않는 지혜, 사물·생명·자연·기계를 신중하 고 조심스럽게 다루는 지혜, 아끼고 보살피고 모시고 살리고 부 추기는 지혜가 있다. 그리고 마음 밑바닥에는 보이지 않는 윤 리와 미학을 추구하는 대(大) 긍정의 아뢰야식(阿賴耶識)이 숨어 있다. 이것을 '깊이의 마음'이라고 일컫는다. 태곳적 원형 무의 식, 고대인들과 동물의 무의식도 여기에 해당한다. 마음의 깊 이와 잠재성은 생명, 자연, 고대인, 공룡, 원시인 등이 뛰어노는 심원한 지평을 차지한다.

다니엘 스턴(Daniel N. Stern)의 출현적 자아(Emergency ego)는 이러한 깊이로서의 마음을 잘 설명할 수 있는 중요한 개념이다. 출현적 자아란, 0-6개월까지의 유아기 동안 자아와 타자의 구분, 여성과 남성의 구분, 주체와 대상의 구분이 존재하지 않는 어머니와의 합일 상태를 가리킨다. 오직 흐름(Flux)으로서의 정동(affect)과 감응만이 존재하는 시기다. 이러한 유년기의 깊이의 마음으로 인해, '우주 되기'(=합일)가 감각적 수준에서 가능하다는 헤겔과 같이 동일성·통일성의 철학을 기반으로 한 사이비 공동체주의자들이 한 세기를 거치면서 확산되었다. 그러나 공동체를 이루는 합일의 순간은 그리 쉽게 만들어지지 않는다. 변용(affection)과 되기(becoming)의 과정형적이고 진행형적인 정동을 통해서 끊임없이 필사의 노력을 해야 비로소 공통개념으로서의 커먼즈의 지평이 열린다는 것이 스피노자와 들뢰즈·가타리가 주목한 부분이다. 사회는 결코 쉽게 구성되지 않는다.

헤겔은 사회(=인류적 공동체)가 미리 주어진다는 전제 하에 대립·모순·갈등은 사회의 성숙으로 향한다는 변증법 사상을 설파하는데, 사실은 사회 구성적 실천이 이루어지는 공동체의 일련의 노력을 생략한 손쉬운 설명에 불과하다. 사회는 예민하기 때문에, 오히려 모순과 대립을 통해 쉽게 와해되고 해체된다. 기후위기로 인해 죽은 도시, 죽은 국가가 속출하는 현실이 이를 증명한다. 그런 점에서 구성적 실천 없는 '깊이의 마음'이 표면에서 즉각적으로 작동하고 있다고 믿는 동일성의 철학은 유해할 뿐 아니라, 사이비에 가까운 변신론에 불과하다.

프로이트는 스피노자를 계승하여 무의식을 복권했지만, 옹졸한 가족주의 영토 내에서 무의식을 다루었다. 스피노자는 "우리의 마음속에 생각이 장악하지 못한 사유가 있다."라고 하면서 무의식의 광활한 영토를 개방하였다. 무의식은 욕망, 정동, 사랑이 득실거리고 웅성거리는 거대한 판이다. 다시 말해 내 안에는 수많은 타자성이 있기 때문에 나라는 주체는 타자보다 더 타자적인 존재라고 할 수 있는 것이다.

초기 프로이트는 무의식-전의식-의식이라는 삼분법을 통해서 꿈, 농담, 실수 등에서 부분적으로 드러나는 잠재의식을 탐색한다. 이는 무의식의 심층이 의식이라는 표층으로 드러날 때 미끄러지는 바에 대해서 주목하는 것이었다. 그러나 후기 프로이트는 이를 가족 무의식으로서의 신경증으로 축소한다. 이는 무의식이 가진 심원함을 가족이라는 옹졸한 깔때기로 수렴시키는 것이었다. 그 유명한 오이디푸스 콤플렉스라는 구도는, 욕망을 아버지-어머니-나라는 삼각형 안에 가두면서 그 내부에서 욕망하는 관료주의를 도착증으로, 그 삼각형 밖으로 향하는 욕망을 분열증으로 설명하는 구도이다. 프로이트는 무의식이라고 하는 마음의 깊이를 발견한 순간 뻔한 것으로 의미화해버린 셈이다.

들뢰즈와 가타리는 '노마드(nomade)'라는 개념을 통해서 잠재성과 깊이의 마음을 위상학적으로 설명하고자 했다. 노마드는 자신을 가로막는 모든 것에 전쟁을 선포하는 '전쟁 기계'이면서도 촉지적인 민감성을 갖고 제자리에서 여행하는 법을 실천하는 존재다. 그는 가까이에 있는 사람의 깊이와 잠재성 속에서 새로움을 발견한다. 유목 공간은 멀리에도 있지만, 국지적이고 가까운 영역에서도 개방될 수 있다. 자유인은 마음대로 들락날락할 수 있지만, 제자리에서 관계를 성숙시킨다. 그래서 그는 진정한 공동체적 주체성이다.

여기서 이런 질문도 가능하다. '새로움을 발견하기 위해 전 세계를 여행해야 하는가? 가까이에 있는 사람의 깊이와 잠재성을 발견해야 하는가?'라고 말이다. 공동체는 국지적 절대성의 원리에 따라 제자리에서 여행하는 자유인들의 연합이다. 공동체 관계의 성숙은 커먼즈를 통해서 탈성장의 길로 나아가며, 이는 곧 적극적인 기후행동의 시작점이다. 기후 제국주의에 맞선 모든 실천은 바로 기후정의에 입각한 공동체의 관계망 속에서 '깊이의 마음'을 성숙시키는 데 달려 있다. 바로 지구(local, 地區)

가 지구(Global, 地球)이기 때문이다.

높이의 마음

‘높이의 마음’처럼 더럽혀진 구도도 없을 것이다. 그 양상은 다음과 같다.

먼저, 푸코의 생명정치 단계에서 1세계 사람들은 문명 내부에서는 힐링·웰빙·자기계발·미디어 등으로 자신을 가꾸며 우아하게 잘 살아가지만, 그 외부는 죽든 살든 내버려 둔 채 자신의 위선을 정당화한다. 기후난민 1억 명의 시대에 복잡한 논증을 더욱 미학화하며 자기 정당화를 강화하는 1세계 이론가들의 모습은, 문화적인 우월감으로 식민 지배를 합리화했던 대영제국 시대의 영국 문학가들과 다르지 않다.

둘째, 성장주의로서의 ‘높이의 마음’이 있다. 이는 성공주의·승리주의·자기 계발·속도·효율성·경쟁으로 무장하여 엄청난 에너지를 동원하는 개인주의(=자유주의)로 현현한다.

셋째, 숭고하고 위대한 도덕주의/영성주의의 퇴조를 들 수 있다. 이러한 도덕주의/영성주의는 착하고 이타적인 본성에 호소하지만, 시스템과 제도에 대해서는 침묵한다. 그 결과 기후위기에 대해서도 모두의 책임론이라는 메시지를 따르며, 시민들로 하여금 죄책감으로 인해 기후행동을 미루게 만드는 역효과를 낳는다.

마지막으로 영적 지도자나 어른이 사라진 사회의 모습을 들 수 있다. 모범으로서의 어른이 세대별 격차 속에서 사라지면서 권위가 분할되고 민주주의가 확장되는 효과가 있지만, 동시에 방향을 잃은 '무중력 상태의 아이들'이 등장하는 면도 있다.

문명 내부의 '높이의 마음'에 대해서는 푸코의 '문명의 3단계'를 참고해 볼 수 있다. 첫 번째 봉건제 시대에는 군주가 신민들의 생살여탈권을 가지고 있으며, 공개 처형과 같은 잔혹한 방식으로 권력을 행사했다. 이 시대 사람들은 자신의 삶을 잠시 사형이 집행 유예된 삶으로 느끼며 두려움과 공포에 예속되었다. 두 번째 훈육 사회는 "죽일 수도 있으니, 열심히 살라"는 체제이다. 훈육과 규율, 체벌, 노동 훈화를 통해서 "죽이지는 않지만 죽을 수도 있다"는 위협과 처벌의 공포가 작동했다. 이것은 근대사회 유형이며, 시설·감옥·병원·군대 등이 그 조직화 방식이다. 마지막으로 통제 사회(생명정치 단계)는 체제 내부에서 자기계발·웰빙·힐링·심리 치료, 정신분석, 미디어, 문화생활 등 자기연마를 하면서 잘 살도록 하지만, 체제 외부는 죽든 살든 내버려 두는 체제이다.

'높이의 마음'의 진면목을 보여준 철학자는 빅터 플랭클(Viktor Emil Frankl)이다. 그는 아우슈비츠 생존 경험을 바탕으로 의미 요법(Logotheraphy)을 구체화했다. 빅터 플랭클은 절박하고 열악한 상황에서 살아남기 위해서는 더 숭고하고 위대한 의미로서의 높이로 실존을 위치시켜야 생존의 여지가 커진다는 사실을 발견했다. 그의 참여관찰에 따르면 수용소에서 크리스마스나 새해 무렵에 유난히 사망자가 많았는데, 그 이유는 기념이 될 만한 날짜를 기준 삼아 자신이 석방될 거라는 믿음을 갖고 있던 수용자들이 헛된 희망이 좌절되자 급격히 몸이 쇠약해지면서 사망에 이르게 된다는 것이다. 그는 "두 번 태어난 것처럼 살아라!"라고 말하며, 우울, 불안, 분열조차도 삶을 의미 있게 하려는 계기 중 하나라고 설파한다. 다시 말해서 높이의 마음이란, 절망 속에서도 삶의 이유를 다시 세우는 이야기 구조를 만드는 일이다. 우리가 스스로의 위치를 좀 더 높은 가치와 의미 속에 둘 때, 우리는 열악하고 절박한 상황 속에서도 대처법을 찾을 수 있으며 삶을 살아가고자 하는 열정과 의지를 발휘할 수 있게 되는 것이다.

잡동사니 마음 : 충동의 자기조절 과정과 정동의 미학화

넓이의 마음, 깊이의 마음, 높이의 마음 등 마음의 위상 좌표를 그리다 보면 "마음이 어째서 이토록 잡동사니 같은가" 하는 의문이 생긴다. 명상은 마음을 비우고 투명하게 만들려는 방법으로 구성되지만, 영적으로 뛰어난 지도자가 자신의 의미 좌표를 제시해 준다고 해서 잡동사니 마음이 정돈되지는 않는다.

충동은 불쑥불쑥 솟는 마음이다. 충동을 느낀다고 해서 자신을 범죄자처럼 여기거나 부끄러워 할 필요는 없다. 우리 마음은 생태계와 같아서 충동을 자기조절하고, 조화와 균형을 이룬다. 문제가 되는 것은 충동 자체가 아니라, 그러한 마음을 진정한 자신의 마음이라고 철석같이 믿어 버리는 고정관념에 있다. 충동을 응시하고 관찰하다 보면 그것이 잠시 스쳐 지나가는 바람과 같다는 것을 알 수 있다. 더구나 충동을 자극하는 사물, 기계, 생명, 자연 등이 일련의 과정에서 우리의 몸 주변을 지나치면 충동은 곧바로 사라지는 덧없는 것이다. 혹시라도 그것이 남더라도 마음의 생태계라는 자기조절체계가 작동하면 그런 마음은 자연스럽게 제어된다. 그러나 충동만 통제한다 해서 마음의 생태계가 조성되지는 않는다. 이러한 잡동사니 마음을 정

돈하는 것은 바로 정동이다.

기후위기라는 광대역의 마음은 우리를 위축시킨다. 그러한 광활한 마음을 받아들일 때 우리는 관계망을 설립하고 서로 배치를 이루면서 수용해야 할 것이다. 조효제의 『탄소사회의 종말』(2020, 21세기북스)은 사회적 응집도가 높을 때라야 비로소 미래 세대가 보인다고 말한다. 그러나 이 책에서도 기후위기에 직면한 마음이 어떤 배치 속에서 행동해야 하는지에 대해서는 얘기하지 않는다. 관계로부터 분리된 마음은 개인주의(=생존주의)의 절규로 가득하다. 우리는 이웃과 친구, 가족과 어깨를 걸고 기후위기를 마주해야 한다.

기후위기는 끝도 없이 추락하는 깊이의 마음을 만들어 낸다. 우리는 이러한 심연의 마음에 어떻게 대응할지 난감하다. 이때 밑바닥 감정에서 되튀어 오르는 '주체성 생산'을 상상할 수 있다. 주체성 생산은 재특이화 과정을 통해서 삶과 세계를 재창안한다는 점에서 특이성 생산이다. 물론 특이성 생산의 순간을 맞이하지 못하고, 우울·침잠·좌절·절망을 향해 침몰하는 경우도 있을 수 있다. 그러나 그 과정은 우리 안의 소수성을 발휘해서 삶을 재발명함으로써 극복 가능하며, 오히려 되튀어 오르는 주체성 생산의 발판이 된다. 그렇게 깊이의 마음은 대긍정의 잠재의식으로 향한다. 우리 안에서 꿈틀대는 생명의 근원과 정동의 힘을 깨닫는 순간, 자신을 뻔하게 보는 것이 아니라 소수자 되기라는 재특이화의 경로가 개방된다.

마지막으로 기후위기에 직면하여 우리 자신이 왜소해지는 경험에 대응하기 위해서는 숭고한 의미와 가치로 자신의 삶의 지평을 높이는 '높이의 마음'이 필요하다. 우리의 기후행동은 세계사적이고 지구적인 의미와 가치가 있다. 이를 위해서 우리 자신에 대해, 돈이 아닌 인생과 실존의 가치를 높임으로써 자존감을 회복하여야 할 것이다. 우리는 우주의 작은 먼지와 같지만, 그 먼지가 보이지 않는 사랑을 전달하는 고귀한 매개체임을 잊지 말아야 한다. 이러한 배치를 형성하는 데서 정동(affect)은 다기능적으로 작동한다. 이제 우리는 정동이 무엇이며 어떤 배열, 자리, 위치, 배치를 형성하는지에 대한 이해로 나아가야 한다.

마음과 정동

정동의 작동 방식

정동(affect)은 외부로부터 촉발된 정서(affection)와 또 다른 정서 사이에서의 이행 양식으로 이해할 수 있다. 그런 점에서 감정이나 정서가 '꼼짝 안 할 때의 마음'이라면 정동은 '움직일 때의 마음'이다. 정서는 고정관념을, 정동은 흐름을 대변한다. 이렇듯 정서라는 고정점을 이행하고 횡단하는 과정에서 변이되는 것이 정동이다.

정서는 '꼼짝 안 할 때의 마음'이며, 소승 불교 전통에 입각해 있다. 잡동사니 같은 마음을 응시하며 무념무상으로 향하는 수행은 소승 전통에서 해탈(解脫)과 열반(涅槃)으로 이어지며, 이는 부처가 되려는 길이다. 이는 점수(漸修)로서의 찰나의 수행을 강조하는 입장이며,『금강경』에서 말하는 순간의 실체화, 혹은 일기일회(一機一會)와 상통한다. 동시에 주력(呪力)이라는 무의미한 주문을 반복함으로써 찰나를 깨닫는 훈련을 동반한다. 이는 기호의 반복에 의한 에너지화를 통해서 시간의 유일무이성 다시 말해 '이 순간이 생애 단 한 번 뿐인 순간'이라는 점을 자각하는 과정이다.

반면 정동은 움직일 때의 마음이며, 대승 불교의 전통에 따른다. 대승은 돌봄, 모심, 보살핌, 섬김 등의 보살행(菩薩行)과 보시(布施)를 통해 '보살이 되려는' 것이며 곧 서원(誓願)이라는 지평, 다시 말해 중생을 구제하는 것으로 향한다. 이는 돈오(頓悟)

라는 단박의 깨달음이 지속을 향하며, 원효대사의 해골바가지 일화처럼 놀라운 전변의 순간을 가능하게 한다. 이 과정은 서원(誓願)과 원력(願力)을 통해 욕망의 힘을 긍정하나, 때로는 기복신앙으로 오해되기도 했다. 이는 흐름의 잉여가치를 통해서 존재의 유일무이성, 다시 말해 '이 존재가 세상에 단 하나뿐인 존재'라는 점을 깨닫는 과정이다.

정동은 생명이 발산하는 에너지이자 힘이다. 그래서 활력이 생기는 것은 생명의 신체를 필요로 하지만, 기호·사물·기계로부터도 활력 정동이 발생한다. 다만 대부분의 정동은 생명이 살아 움직이는 것과 같은 고유한 특이성을 보인다. 여기서 질료(matter)/형식(form)의 구도는 전문가주의를 낳는다. 균질하고 동질적인 질료에 형식을 부여하는 것이며, 이는 '밥 먹어라' 하면 밥 먹는 것과 같다. 반면 소재(material)/힘의 구도는 장인의 전통을 낳는다. 사물·생명·자연·기계의 결과 가장자리, 주변의 냄새·색채·음향·몸짓·맛·표정·이미지 등이 득실대는 재료를 의미한다. 밥을 앞에 두면, 침이 고이고 저절로 손이 가서 밥 먹는 것이 여기에 속한다. 여기서 기호의 반복은 활력과 에너지의 원천이라는 점에서 활력 정동이 배태된다.

정동을 강도, 온도, 속도, 밀도의 관점에서 보면, 정동은 강렬도에 따라 기쁨으로 증폭되기도 하고 슬픔으로 위축되기도 한다. 정동의 증대와 불균형은 소외를 낳고 슬픔으로 이어진다. 여기서 정동의 강렬도는 사이, 빈틈, 여백에서 서식하는 야성적 생명력을 의미한다. 공동체에서의 판이 뜨거워지면 가수가 아닌데도 노래를 부르고, 댄서가 아닌데도 춤을 춘다. 어느새 팔역할 하는 사람이, 머리 역할 하는 사람이 생성된다는 점에서 이 공동체는 기관이 미리 결정되지 않은 신체, 즉 기관 없는 신체이다. 공동체의 판에서 사건이 생성되는 순간, 강렬도로서의 정동의 판짜기가 중요하다는 점이 드러난다.

흐름과 상호작용으로서의 정동과 돌봄의 유형들

정동은 언제나 따라 하기, 모방을 유발한다. 가브리엘 타르드(Jean Gabriel Tarde)는 이러한 정동의 확산을 양자적인 흐름(flux)이라고 불렀다. 정동은 한 존재에서 다른 존재로 미세하게 이동하며, 감정과 행위의 패턴을 전이시킨다. 이러한 모방의 과정은 단순한 반복이 아니라, 때로는 인지 부조화(cognitive dissonance)를 만들어 내며 현실을 비틀어 놓는다. 이런 점에서 합리적인 '의미화=표상화=모델화'를 기반으로 하는 인지자본주의는, 오히려 인지 부조화에 기대고 있는 정동자본주의와 구별된다. 인지자본주의가 정보를 해석하고 분류하는 이성의 체계라면, 정동자본주의는 무의식적 정동의 흐름을 추출하고 거래하는 감성의 경제이다.

정동의 흐름은 무의식의 행렬과도 같다. 모방, 따라 하기, 흉내가 일상화되었으며, 이는 함입의 논리에 따라 안으로 말려들어 하나의 거대한 행렬을 이룬다. 이런 풍경은 인지 부조화로 가득하다. 정동자본주의는 각자 인플루언서가 되려는 흐름들로 넘쳐난다. 인공지능의 딥러닝 기술이 확률론적인 추출과 채굴을 통해 작동하는 것처럼, 정동자본주의에서 일어나는 또 하나의 확률론이 인플루언서 지망생들에게 있다. 그들은 가능성이라는 확률 게임에 자신의 노력을 걸고, 주목받으려는 욕망을 알고리즘의 엔진 위로 흘려보낸다.

이에 반해 고정관념의 영역은 의식적인 감정과 관념으로 구성되어 있으며, 이러한 흐름의 역동성과는 차이를 보인다. 미디어에서의 감정생활을 통해 유지되는 기분이나 느낌, 감정 상태가 이에 속한다. 이것은 합리적인 인지의 영역으로 간주되어 왔으며, 인지자본주의 하에서의 컴퓨팅 기법들이 갖는 함수론에 기반한다. 의미화=표상화=모델화의 인지적 정합성이 코드화되어 완성된 근대의 사유가 인지자본주의의 토대를 이룬다면, 정동자본주의는 그 이후의 시대, 즉 코드화 할 수 없는 정동의 교환이 중심이 되는 경제다.

이처럼 흐름과 고정관념의 대조 속에서, 우리는 정동의 또 다른 측면인 상호작용, 순환으로서의 정동도 함께 얘기해 볼 수 있다. 정동이 생활 세계 안에서 상호작용 하지 않고 순환하지 않으면 정동의 소외 현상이 나타난다. 정동은 그 자체로 삶을 '살아지게 만드는' 원천이다. 팬데믹 이후의 세계에서, 정동이 국지적인 영역에서 순환하고 상호 작용할 수 있는 정동 모듈(module)의 구축이 중요해진 이유가 여기에 있다. 이 정동 모듈 속에서 정동은 '정동하고' '정동되는' 과정으로 드러난다. 돌봄의 장면에서 이를 살펴보면, 돌봄 수혜자와 돌봄 수행자 사이에는 본질적인 정동의 차이가 없다. 기존의 통속적 돌봄 관계 속에서는, 돌보는 자가 주인공이고 돌봄 받는 자는 수동적 대상으로 간주 되었으나, 상호작용 정동의 입장에서는 능동과 수동의 경계가 무력화된다. 그렇기 때문에 돌봄의 가치화는 '정동하는 입장'뿐만 아니라, '정동되는 입장'에서의 가치화도 필요하다. 다시 말해 욕망 노동, 정동 노동의 입장에서 돌봄을 받는 자에게도, 감정적 수용과 반응의 행위를 수행하는 자에게도 가치를 부여해야 한다. 예를 들면 돌봄 받는 자에게 돈을 주는 것(정상화 노동), 상담을 부탁한 사람에게 돈을 주는 것(분석 노동), TV를 보는 것도 가치가 있으므로 TV를 보는 사람에게 돈을 주는 것(욕망 노동) 등등을 생각해 볼 수 있다. 기존에는 그저 돌봄의 대상이라 여겨졌던 존재들도 모두가 정동의 회로 속에서 생산을 수행하고 있기 때문이다. 이때 정동의 상호작용은 기존의 일방향적 가치론을 벗어나 n분절의 기호론을 개방하는 새로운 경제적 상상력을 제시한다.

그러나 정동은 언제나 양면적이다. 그것은 '근접 거리에서의 사랑'이라는 이름으로 동일시와 의존을 낳고, 젠더 불평등을 정당화하는 기제로 작동해 왔다. 따라서 우리는 이와 다른 '착하면서도 악동 같은 우정'의 공식을 따르는 정동 양상을 생각해 볼 필요가 있다. 이 새로운 정동 양상에서 주목할 점은, 거리 조절이 가능하다는 것이다. 일방적 의존이나 희생이 아니라, 필요할 때 다가가고 문제가 해결되면 슬그머니 물러설 수 있는 유연한 관계 방식이다. 이러한 거리 조절적 우정은 가깝지도 멀지도 않은 횡단적 관계를 통해 능동과 수동의 구분을 해체한다. 언제나 돌봄 받는 존재이기만 한 것이 아니라 때로는 돌보는 존재가 되고 때로는 돌보면서 돌봄 받기를 동시에 할 수도 있다. 이처럼 우정의 돌봄은 통속화 되어 있던 능동/수동이라는 돌봄의 공식을 무력화한다.

여기서 더 나아가, 우리는 '먼 거리 연대'의 가능성도 상상해 볼 수 있다. 먼 거리 연대는 자신과 가장 먼 거리에 있는 존재에 대한 사랑이자 관계없음의 지평을 향한 의지다. 이는 낯선 것에 대한 환대, 익명성과 타자성을 수용하는 새로운 사회적 계약의 실험이기도 하다. 결국 모두가 친구인 관계로 향하는 관계망, 즉 정동적 평등의 관계가 돌봄의 사회화 과정에서 대두된다. 사랑보다는 우정을 기반으로 하는 돌봄의 사회화가 필요한 이유다.

돌봄의 사회적 가치가 저평가되어 온 이유는, 그 작동 원리가 재귀적인 반복, 제자리로 돌아오는 원점회귀성, 비가시성에 있기 때문이다. 자본주의의 관점에서 돌봄은 성과로 환산될 수 없는 '보이지 않는 노동'으로 간주된다. 여기에 젠더 불평등이 깊게 개입해 있다.

그러나 기후위기 시대의 돌봄은 더 이상 사적인 감정노동의 영역이 아니다. 그것은 정동의 흐름, 상호작용, 관계망 속에서 강건한 실존을 생산하는 사회적 돌봄 모듈로 재구성되어야 한다. 친구, 이웃, 가족 간의 돌봄 회로를 재배치하는 일, 즉 돌봄

의 사회적 재특이화가 필요하다. 정동하기와 정동되기의 관계
는 이제 수동과 능동의 구분으로 환원될 수 없으며, 돌봄 역시
수혜적 관계만으로 이해되어서는 안 된다.

탈성장 사회의 민주주의는 더 이상 성장주의 시대의 민주주
의처럼 기술과 화폐를 중심으로 작동하지 않을 것이다. 오히려
돌봄의 가치화에 따라 작동될 가능성이 높다. 돌봄의 정동이
사회적 에너지로 작동할 때, 민주주의는 정동적 평등과 관계적
자율성에 기반한 생명정치의 새로운 형태로 진화할 수 있을 것
이다.

마음의 생태계 속의 주체성 생산의 특이점들

기후위기라는 광대역의 마음이 우리에게 스며들 때, 우리는
종종 '생태슬픔'과 같이 왜소해진 실존으로 응답할 때가 있다.
거대한 위기 앞에서 느끼는 무력감과 상실감은 개인의 마음을
좁히고, 관계 회로를 끊어놓는다. 그러나 그 전락의 순간 속에
도 여전히 우리 곁에 강건히 존재하는 친구, 가족, 이웃과의 관
계망을 발견한다. 이 관계들이 엮여있는 자리, 그 배치 자체가
바로 우리의 '마음의 생태계'다. 마음의 생태계는 우리로 하여

금 다시 살아 움직이게 하고, 새로운 출발점에 서서 다시 기후 행동을 재장전하게 만든다.

이제 우리는 기후위기를 마음의 문제로부터 다시 시작하고 배치를 바꿔 그 성좌를 새롭게 구성하는 실험에 착수해야 한다. 강건한 실존적 마음은 단순히 개인의 결의를 의미하지 않는다. 그것은 실존주의적 자기 결단을 넘어, 배치와 관계망 속에 살아있는 마음의 넓이, 높이, 깊이를 발견하려는 시도다.

그 과정은 곧 탈성장의 과정이기도 하다. 성장의 논리가 확장시켜온 외연의 속도를 잠시 멈추고, 마음의 깊이와 높이, 넓이를 다시 조율하는 일이다. 탈성장은 결핍이 아니라 마음의 대역폭을 넓히는 일, 즉 더 느리고 더 섬세한 감응을 가능하게 하는 과정이다. 우리는 이제 절규와 아우성의 힘보다는, 조용하지만 강건한 광대역의 마음이 이끄는 기후행동에 주목해야 한다. 그것이야말로 보이지 않는 지구, 공기, 생명, 자연이 품고 있는 윤리와 미학이다.

이를 위해 우리는 탈성장 이후의 민주주의를 응시해야 한다. 그것은 기술과 화폐가 주도하는 민주주의가 아니라, 정동과 돌봄이 중심이 되는 민주주의, 다시 말해 서로의 취약함과 연결됨을 기반으로 하는 정치적 상상력이다. 기후위기에 입체적이고 탄력적으로 대응하기 위해서는, 이런 돌봄 모듈이 사회적·정동적 차원에서 강건하게 구축되어야 한다. 우리가 아무리 절박하더라도, 그 절박함 속에서도 희망의 울림은 존재한다. 그것은 외부에서 들려오는 구호가 아니라 우리 마음의 판도라 상자 속에서 조용히 들리는 속삭임이다. 그 속삭임에 귀 기울일 때, 우리는 관계의 미학, 정동의 미학을 다시 쓸 수 있을 것이다. 바로 그 지점에서 우리의 활력과 생명력은 새로운 재특이화 과정을 만들어낸다. 뚜벅뚜벅 앞으로 나아가자. 정동의 활력을 따라 탈성장의 길 위에서 새로운 세계를 길어올리자.

마음의 메타모델화
논의와 전환의 이야기

신승철

전환의 필요성과 이야기의 생산

2021년 8월, 〈국가간기후변화협의회, Intergovernmental Panel on Climate Change (이하 IPCC)〉의 「IPCC 6차 평가보고서」가 발간되었다. 이 보고서에 따르면, 지금과 같은 수준의 탄소 배출이 이어질 경우 2021~2040년 사이에 지구 평균기온이 1.5℃ 이상 상승할 가능성이 높다고 예측된다. 여기서 문제가 되는 것은 1.5℃ 상승 이후부터 기후위기가 자기 강화적 양성 피드백을 통해 더욱 가속화되며, 인류의 통제권을 벗어날 수 있다는 점에 있다. 그 주요 요인으로는 해양의 이산화탄소 흡수력 약화, 빙설 감소로 인한 지표 흡수율 증가, 북극의 영구동토층에서의 메탄 가스 방출 등 총 9개 항목에 달한다. 이러한 국면을 흔히 기후위기의 티핑포인트(Tipping Point)라고 한다.

이미 2019년 5월, 호주국립기후복원센터가 펴낸 보고서 「실존적인 기후 관련 안보 위기 - 시나리오적 접근」은 기후위기가

2030년이 되기 전에 티핑포인트에 도달할 수 있다고 경고했으며, 이를 「IPCC 6차 평가보고서」에서는 대부분 인정했다. 다시 말해서 2050년 탄소중립까지 시간이 충분히 남아 있다는 생각은 완전한 착각이며, 호주 보고서의 지적대로 가용한 자원과 인력을 총동원하여 가히 안보 위기에 준하는 기후위기 국가비상사태에 돌입해야 할 시점이 바로 지금이라는 점이 드러난 것이다. 실제로 영국, 캐나다를 비롯해 2025년 현재 40여 개 국가와 수천 개 지방정부가 기후위기 비상사태를 선언하고 대응에 나선 상태다.

그러나 2030년까지 채 5년도 남지 않은 지금, 어떤 수준의 생활양식 전환이 필요할지에 대한 논의는 여전히 진행 중이다. 여러 연구에서는 금융위기 당시와 비교해 매년 그 두 배에 달하는 규모의 탄소 및 자원 감축이 필요하다고 지적한다. 현재의 소비 수준과 비교할 때, 2030년까지 물질 발자국을 지금의 1/10 수준으로 줄여야 하며, 이는 사실상 1970년대 생활양식으로의 회귀에 가깝다.

하지만 우리의 생활양식은 여전히 성장주의에 의존하고 있다. 파시즘적 성격을 띠는 성장주의는 자기 생존만을 우선시하는 이기주의와 미래 세대, 제3세계 민중, 기후난민에 대한 분리와 배제를 기반으로 하고 있는데, 이는 증오, 폭력, 혐오, 차별, 분리, 배제 등의 방법론을 통해서 소수자와 이주민, 난민, 장애인 등을 배제하고 자신만 잘 살고자 하는 것에 불과하다. 더 나아가 이는 사랑과 욕망, 정동(affect), 돌봄 등 인류 문명을 지탱해온 가치들을 비하하는 것이자, 문명 자체의 명백한 퇴행이며 전환의 긴급성을 역설적으로 드러내는 징후다.

전환 과정에 대해 여러 가지 시나리오가 있지만, 전환에 대한 대체적인 상은 능동적 전환으로서의 탈성장과 수동적 전환으로서의 저성장이 대비된다. 탈성장은 기후위기에 대한 대응과 적응을 선제적으로 준비해서 문명이라는 비행기의 파국적인 경착륙 상황을 피하고 연착륙으로 향하는 길이다. 반면 저성장의 경우는 결핍과 부족 속에서 성장을 계속하려고 아등바등하며 현실의 변화 속에서 끌려다니는 과정이며, 끝내 파국에 몰려 경착륙에 이르는 길이다.

그런 점에서 우리는 극적 전환의 계기와 특이점을 발견하고 그 이야기를 생산하는 작업을 게을리해서는 안 된다. 전환의 길은 달콤하지 않고 수많은 어려움과 불편함을 수반하지만, 바로 그렇기 때문에 반전의 서사가 필요하다. 역사적으로 극적인 상황은 반복되어 왔으나, 그 파급력을 중화하고 희석하려는 시도 역시도 존재해왔다. 그러나 문명 전환의 과정은 우리가 예상치 못할 수준의 새로운 삶의 양식이 개방되는 것을 뜻한다. 이 과정은 단지 불편함을 넘어 민주주의 질서마저 흔들 수 있다. 그런 점에서 탈성장 전환사회의 민주주의를 지탱할 버팀목은 바로 돌봄이라는 정동적 행위 양식에서 찾을 수 있을 것이다.

많은 사람들이 전환 과정에서 생기는 요철, 굴곡, 주름 등의 무수한 특이점이 지닌 이야기들에 주목하지 않고, "될 대로 돼라" 식으로 덤덤히 살고 있을 때, 오히려 그 안에서 전환의 상상력을 발휘해서 새로운 이야기를 생산하는 노력이 필요하다. 사람들은 그린 뉴딜, 기후 공제, 에너지 전환, 농업으로의 전환 등을 연결시킬 이야기 구조를 갖지 못한 채 그저 단편적인 정보로만 받아들이고 있는 상황이다. 따라서 전환 사회로의 이행은 불연속적·계통적으로 진행되는 이야기의 서사화를 필요로 하며, 생활양식과 관련된 깨알같이 미세한 이야기들이 촘촘하게 전개될 것이 요구된다. 그런 점에서 전환 담론과 기존의 혁명 담론과의 다른 점은, 완성된 이념적 청사진을 지니는 것이 아니라 늘 과정형이자 진행형이라는 점이다. 또한 혁명처럼 '모두가 더 잘 사는 공동선'을 지향하기보다, 불편함을 감수하면서 생명과 자연을 향해 안으로(in) 되말리는(volution) 역행(involution)의 과정이라는 점에서 지금까지 인류가 경험해보지 못한 독자적 전망을 갖는다. 다시 말해서 성장의 물질적인 자아 확장감이 아닌 탈성장의 비물질적인 이야기 속에서 자아의 확장을 찾는 것이다.

이러한 전환의 실험은 마음의 메타모델화를 통해 여러 가지 특이점을 교차하면서 수행되는 과정이다. 이는 전환의 이야기의 구조에 근접하기 위한 교차분석이며, 이행과 횡단의 전략적 지도 제작이다. 이를 통해서 우리는 하나의 모델로서 모든 것들이 해결된다는 환상으로부터 벗어나 여러 특이점을 매끄럽게 연결하기 위한 메타모델화의 과정에서 그 이음새로서의 이야기 속에서 재특이화되어야 할 것이다. 이를 통해서 암담한 분위기와 침울한 느낌으로부터 벗어날 출구 전략을 마련할뿐더러, 각각의 특이점들을 단칭명제로 잘게 분해하고 분석하는 것이 아니라 매끄럽게 연결시키고 이행시킬 이야기를 생산할 여지가 생긴다. 이에 따라 전환의 가능성이라는 거대한 대지를 향한 일관된 흐름을 이야기를 통해서 설명할 여지가 생기는 것이다.

마음의 메타모델화의 형태와 전망

마음의 메타모델화의 구도

메타모델화의 사례로, 기후우울증에 걸린 사람이 정신분석, 심리 치료, 인지 치료, 선 수련, 명상 등으로 여러 모델을 넘나들며 자신의 마음을 응시하고 다스리기 위해서 노력하는 과정을 생각해 볼 수 있다. 영적·정서적·심리적인 메타모델화는 하나의 모델로 세상을 설명하거나, 완결된 보편적 모델임을 자임하는 데 머무르지 않는다. 하나의 모델이라는 프리즘은 세상의 빛과 함께할 때 무지갯빛으로 확산되듯 다양한 모델을 펼쳐낼 수 있기 때문이다. 우리는 여러 특이점으로서의 모델들을 넘나들면서 매끄럽게 이행하고 횡단하는 것뿐만 아니라, 각 모델의 이음새가 되는 비스듬한 횡단선을 그리는 이야기에도 주목해야 할 것이다. 각 모델이 연결되어 시너지와 탄력성을 발휘하는 것은 단순한 나열과 배열 때문이 아니라, 그것을 매개하는 비스듬한 횡단선 위의 이야기들이 배치와 관계를 만들어내기 때문이다. 중요한 것은 하나의 모델을 효율적으로 적용하는 문제가 아니라, 여러 모델을 어떻게 융통성과 탄력성을 발휘하며 이어 주고 이행시키고 횡단시킬 것인가 하는 문제이다. 우리는 종종 하나의 영적 모델이나 특정 지도자의 발언에 단번에 빠져들곤 한다. 그러나 세상을 한마디로 설명하는 명쾌한 원리는 어디에도 없다. 현실 자체가 복잡계이기 때문에 설명력은 오히려 느슨한 관계와 횡단선, 그리고 이야기라는 이음새 속에서 탄력성과 다양성을 가질 때라야 비로소 드러난다. 다시 말해 우리는 하나의 모델이 모든 것을 설명할 수 있다고 자임하는 태도를 끊임없이 의심하고, 여러 모델이 어우러지고 관계 맺으며 연결될 때 생성되는 이야기에 주목해야 한다.

'마음의 모델화'의 구도를 그려 볼 때, 먼저 "하나의 질문에 하나의 대답이 있다"는 근대적이고 인과론적인 설명 방식이 제기될 것이다. 그것이 영성적이고 도덕적인 메시지라면 더 강하게 다가올 것이다. 그러나 곰곰이 생각해 보면 "~은 ~이다"라는 규정은 창조적일 수 있으나 동시에 삶의 이야기를 배제하기도 한다. 더욱이 전문가들의 메시지는 효율적으로 문제를 해결할 수 있는 정보와 지식을 제공하지만, 복잡계인 삶을 단면에서만 다루기 때문에 질문-대답의 일면적 인과관계만을 구성하는 데 머무른다. 특히 전환의 국면에서는 인문학적 성찰과 상상력이 요구되기 때문에, 전문가나 영성적인 대답은 오히려 빈약하게만 들릴 수밖에 없다. '마음의 메타모델화'의 구도는 하나의 질문에 대답이 없을 수도, 대답이 여럿일 수도, 모두가 대답일 수도 있다는 질문 중심의 사유를 개방한다. 그랬을 때라야 전환에 대한 상상력이 발휘될 수 있으며, 진정으로 인문학적 이야기가 풍부하고 다양하게 생성될 수 있을 것이다. 탄력성의 메타모델링을 찬찬히 들여다보면 구성주의가 얘기하는 질문 중심의 사유에 접근할 여지가 생긴다. 물론 모든 영성적 메시지가 대답 중심인 것만은 아니며, 질문을 통해 새로운 상상력과 영감을 촉발하는 경우도 있다.

그렇다면 생태슬픔과 마음의 메타모델화는 어떻게 연결되는가? 생태슬픔은 기후위기라는 압도적이고 거대한 문제 설정 앞에 직면한 '이야기의 위기'로 이해할 수 있다. 예컨대 미래 세대에게 들려줄 이야기가 전혀 없는 기성세대의 모습에서 그러한 측면이 드러난다. 우리는 앞으로 이런 질문을 받게 될지도 모른다. "아빠는 기후위기 당시 무얼 하셨어요?" 이런 질문은 미래가 아닌 현재, 바로 지금의 이야기 설립이 중요하다는 점을 의미한다. 따라서 우리는 마음의 메타모델화처럼 여러 영성적이고 심리적이고 정서적인 모델을 넘나들며 기후위기라는 하나의 거대한 문제에 응답해야 한다. 그 이음새가 바로 이야기이다. 그것은 실천적 영성으로의 전진 배치를 의미한다. 단지

텅 빈 기도실에서 공회전하는 기도문에 매달리는 것이 아니라, 현장의 이야기들 속에서 실천적이고 구성적인 과정을 만들어 내기 위해 필사의 노력을 기울이는 활동가적인 마인드가 필요한 것이다. 이를테면 체념증후군에 빠진 기후난민 어린이를 떠올려 볼 수 있다. 체념증후군은 난민 어린이들이 좌절에 빠져 몇 달간 잠만 자고 삶의 의욕을 잃어버린 상태를 가리킨다. 우리는 이처럼 절망적인 상황에 처한 난민 어린이와의 연대 이야기를 만들어야 한다. 결국 자신과 가장 거리가 먼 타자와 맺는 사랑의 가능성은 실천적 영성을 기반으로 한 연대의 출발점이다. 우리는 기후위기라는 거대한 문제 설정을 직면하기 위해, 도처에 벌어지고 있는 참혹하고 절박한 죽음의 현실 앞에서 마비되거나 무력화될 것이 아니라, 연대와 사랑, 돌봄의 삶의 이야기를 발명해야 한다. 그것이야말로 여러 특이점들을 연결시키는 이음새로서의 전환 사회의 이야기 과제일 것이다.

마음의 메타모델화와 이야기 생산

마음의 메타모델화는 수많은 다양한 이야기를 담은 특이점의 집합이다. 여기서 이야기란 무엇인지 궁금해하는 사람이 있을 수 있다. 이야기의 특징은 꿈 이야기 형태를 기반으로 한다는 점이다. 구체적인 시간·장소·주체를 다루는 것이 아니라, '어느 시간·어느 장소·우리 중 어느 누군가'의 방식으로 이야기가 전개되기 때문이다. 꿈 이야기의 특징은 버무려지는 이야기, 영상·음색·색채가 어우러진 흐름 속에서 불쑥불쑥 등장하는 인물들, 시점을 알 수 없는 상황, 장소가 교차되고 이행하고 횡단하는 상황, 갑자기 전개되는 플롯 등이다. 그러나 꿈 이야기는 매끄럽게 이음새를 가지면서 흐름(flux)과 같이 우리의 잠을 풍요롭게 만든다. 이야기를 구조적인 측면에서 보면 보편 어법을 사용하여 나타날 수 있지만, 이것이 전체에 대해서 독점적인 지위를 보장하는 것은 아니다. 보편 어법의 형태는 꿈 이야기의 특징을 다소 갖고 있지만, 사실은 이야기를 고갈시키는 지식의 구조물에 불과하다.

여기서 우리는 이야기꾼을 떠올려 볼 수 있다. 저녁 식사 후 이불 속에 발을 넣고 옹기종기 앉아 있는 아이들에게 이야기를 시작하는 할머니일 수도 있다. 그것은 꿈 이야기의 플롯을 따른다. 동시에 이야기보따리는 하나의 사건에 대해 설명력을 높이는 방식으로 풀어헤쳐질 수 있지만, 대부분은 너무 진지하지 않게 진행되는 가벼운 이야기들이다. 뉘앙스, 분위기, 느낌

등이 더해지면 아주 무서운 이야기가 될 수도 있고, 흥미진진한 모험과 도전의 이야기가 될 수도 있다. TV 드라마로도 방영된 『내 이름은 삐삐 롱스타킹』이라는 소설이 탄생한 과정 역시이러한 꿈 이야기의 형태를 크게 벗어나지 않았다. 작가 아스트리드 린드그렌이 아파서 누워있는 아이에게 "한 마을에 삐삐 롱스타킹이 있었지. 그런데 말이다. 그 아버지가 선장이었단다…"라는 식으로 이야기를 시작했던 것처럼 말이다.

여기서 우리는 수많은 종교, 문화, 철학, 역사 등의 학문 영역을 전환의 이야기로 재편하여 설명할 수 있는 이야기꾼이 되어야 한다. 각 특이점을 설명하면서도 동시에 그 이음새로서의 이야기를 풀어낼 수 있는 준비가 필요하다.

이야기가 폭발했던 역사적 실례로 단연 손꼽을 수 있는 사례가 1990년대 쿠바의 유기농 혁명 시기이다. 당시 쿠바는 소련의 몰락과 석유 금수 조치로 어려움을 겪었다. 이때 한 장성이지렁이 분변토를 이용한 도시농업과 텃밭 등을 제안하여 쿠바전역에 유기농 혁명의 물결이 일어났다. 전망 상실과 체력 고갈에도 불구하고 그 과정에서 강력한 돌봄 모듈이 형성되었는데, 2~3인이 짝을 지어 농사를 지으며 엄청나게 풍부한 이야기꽃이 피어났던 것이다. 그렇게 온갖 이야기들이 만들어져 가공

되고, 전파되었다. 하루 종일 농사를 지어야 하는 사람들 입에서 이야기들이 술술 나왔으며, 모두가 이야기꾼이 되었다. 결국 혁명은 이야기의 폭발 형태로 다가온다는 점, 그리고 이야기는 가장 열악한 상황에서도 자신을 버티게 하는 힘이 있다는 점이 드러난다.

이야기의 폭발에 유리한 조직 형태는 소규모 팀 조직이다. 소규모 팀 조직은 모듈, UTB(unités thérapeutiques de base: 치유집단), 컨비비움(2-3인의 共樂 단위)[1]을 망라한다. 여기서 사회는 미리 주어지지 않고 창안되고 구성되고 재건되어야 하며, 이야기라는 모듈과 모듈을 연결하는 이음새와 긴밀하게 연관된다. 이를테면 100명 단위의 공동체에서도 관계의 실질화가 이루어지지 않고 이야기가 없는 상황이 생길 수 있다. 물론 주인공 담론에 따라 무대와 관객은 설정될 수 있지만, 진정으로 강력한 상호작용 속에서 이루어지는 이야기가 부재할 수 있다.

먼저 모듈(module)은 2~5명의 결사체 단위이며, 그 사례로 쿠바의 유기농 혁명을 들 수 있다. 두 번째 컨비비움(convivium, 共

---

1 컨비비움은 '공동의'라는 뜻의 con과 '발랄한'의 vivid의 결합어로 한국어로 번역하면 공생공락(共生共樂)의 단위라고 할 수 있다.

生共樂)은 2~5명 단위의 느슨한 소농들의 모임이나 술자리 형태로, 세계슬로우푸드협회가 한동안 조직 원리로 사용하다가 최근에 다시 커뮤니티 방식으로 선회했다. 마지막으로 UTB는 정신적으로 어려움을 겪는 사람 곁에서 밀착해서 돌보고, 같이 물건을 사는 등의 팀 조직을 의미한다.

여기서 UTB를 생각해 보자. 정신 질환자를 밀착해서 지켜보는 친구들이 있다. 이들은 팀 조직 형태로 그를 둘러싸고 곁을 지키며, 밀착적인 돌봄을 수행한다. 가게에 갈 때 망보고, 계산을 돕고, 근접 거리에서 행동을 조절하는 행동 조절기 역할을 한다. 보통 3~4인 규모로 이루진다. UTB는 강건한 팀 조직이며, 서로에게 어깨를 기댄 채 미지의 곳으로 향하는 일군의 무리라고 할 수 있다. 가타리(2004, 448)는 이렇게 말한다; "당신이 경찰에 대항해서 바리케이드를 친 군중 가운데 있다고 가정해 보자. 만약 당신이 거기에 있는 사람들을 잘 모른다면, 당신은 언제든 탈출할 수 있다. 그러나 만약 당신이 UTB와 함께 있다면, 양상은 완전히 바뀐다. …그것은 약속이며, 내기이며, 성립된 거래이다."

UTB 속에서의 이야기는 심리적·영성적·정서적 지지대가 될 뿐만 아니라, 강건한 실존을 구성하는 집합적 배치로서 강한 상호작용의 영토화를 이룬다.

　여기서 우리는 정신적 어려움을 이겨 내게 해 주는 친구와의 전화 통화를 상상해 볼 수 있다. 친구는 핫라인에서의 전문가 상담보다 더 풍부한 이야기를 만들어 낼 수 있는 주체성이다. 친구라는 존재는 사회성이나 시민성의 근접거리에서 발현되는 방식이다. 그래서 거리조절을 통해 너무 가깝지도, 너무 멀지도 않은 관계망을 만들어낸다. 심지어 마냥 선하기만 하지 않고, 착하면서도 악동 같은 면도 있으며, 협력하면서도 견제하는 입체적인 관계망을 형성한다. 친구는 사회의 현존을 보여줌과 동시에 거리 조절을 통해 사회성을 발휘하도록 만드는 관계망이다. 예를 들어 친구와의 전화 상담 사례를 생각해보자. 그 장점을 나열하자면 끝이 없다. (1) 시간 제한이 없고, (2) 돈이 필요 없으며, (3) 상대방을 잘 아는 상담자이고, (4) 여러 모델을 넘나드는 상담 기법을 발휘할 수 있으며, (5) 사회성을 갖추게 한다.

　우리는 친구와의 이야기가 지닌 강건한 사회성과 시민성 등에 대해서도 함께 고려해야 한다. 이야기가 길어질수록 가까워진다고 생각하는 것은 오해이다. 친구는 끊임없이 거리 조절하고 평가하며, 분석하고 밀고 당기는 주체성이다. 이러한 긴장성과 횡단성 덕분에 이야기가 끝이 없게 된다.

이야기 형태의 네 가지 단계

펠릭스 가타리는 『기계적 무의식』(2003, 푸른숲)에서 문명을
세 단계로 구분한다.

첫 번째는 은유와 비유의 시대이다. 이 시기의 이야기는 의
미를 직접적으로 드러내지 않지만 사물·자연·인간의 풍부함을
은유의 풍부함으로 대체한다는 장점이 있다. 주술과 마법의 시
대로 불리는 이 시대에는, 가뭄이 들면 흙점을 치고, 마법 절차
를 거치고, 염소 공양을 하고, 인신 공양을 하는 등 의미를 빗겨
가는 문명의 형태를 보였다. 여러 신비한 이야기들이 만들어졌
던 이 시기는 곧 이야기의 폭발 시기이기도 했다.

두 번째는 대답의 자본주의라 불리는 탈주술화된 시대이다.
자본주의는 사물과 생명의 궁극적인 본질을 탐구하는 형이상
학을 포기한다. 대신 기능과 작동에 대해 대답하는 전문가들을
등장시킨다. 이번에는 무미건조한 정보와 지식만이 오갈 뿐이
지, 이야기라는 이음새는 거의 사라진다. 결국 이야기의 위기
는 문명의 위기의 근원이 된다.

마지막 단계는 문제 제기의 전환사회이다. 하나의 질문에 여
러 대답이 있을 수 있듯이 n분절의 다양체로의 진입이 가능하

며, 대답에 종속되지 않는 질문이 던져질 수 있다. 이러한 상황이 바로 이야기의 폭발로 향할 수 있는 잠재력을 의미한다. 여기서 나는 가타리와 데리다의 전거를 도입하여 이야기의 관점에서 문명의 전개를 네 단계로 재구성해 보고자 한다.

① 축의 시대 : 예언자(말하기)의 시대

축의 시대(〈독〉Achsenzeit)는 독일 철학가 칼 야스퍼스가 고안한 표현으로 기원전 8세기부터 기원전 3세기까지를 일컬으며, 1949년 출간한 그의 저서 『역사의 기원과 목표(Vom Ursprung und Ziel der Geschichte)』에 처음 등장한다. 이 시기에 인도의 석가모니, 중국의 공자, 그리스의 소크라테스와 같은 여러 사상가가 등장하였다.[2]

이 시대에는 농업생산력이 고도로 발달하면서 공동체 내에서 개인의 발언이 자율성을 얻기 시작했다. 제정일치 사회에서

---

2 위키백과사전 : 축의 시대 항목

는 왕 이외에는 발언권이 없지만, 이 시대에는 책사나 예언자가 등장하면서 말의 자율성을 넓혀 나갔다. 인류 역사에 이만큼 말이 많이 만들어진 때가 없었다. 중얼거리는 주문 이외에는 익숙지 않았던 민중에게도 비로소 맥락화된 이야기들이 기록되고 전승되기 시작했다. 이 시기 동안의 이야기의 형태는 대부분 쉬운 언어로 쓰인 민중의 학습서와 같은 것이었다. 사실상 탈무드와 같이 비기(秘記)로서 일대일 대응 과외 형태로 왕이나 귀족들에게 전달되던 내용이 한꺼번에 쏟아져 나오면서 사람들은 말의 자율성에 고무되었다.

이 시기 개인의 발화는 은유와 비유·예언·책략 등의 형태로 이루어졌으며, 이는 말이 애니미즘으로부터 분화하여 자율적인 이야기의 형태를 갖게 된 것을 의미한다. 주술적 형태의 무의미한 말을 반복하는 주력(呪力)으로부터 벗어나 처음으로 신, 영혼, 세계 등이 이야기의 형태로 다가온 시기이다. 다시 말해서 말의 자율성의 시기인 '축의 시대' 이후부터는 민중이 스스로를 다스릴 수 있는 규칙과 계율, 윤리 등을 학습할 수 있는 기회를 갖게 되었다. 민중들이 비록 왕은 아니지만 왕에 버금가는 권위와 자존감 등을 가질 수 있었던 것은 바로 예언자와 책사, 예술가의 형상으로 말할 수 있는 자율성이 처음으로 열렸기 때문이다.

전환의 시대의 이야기는 마치 예언자의 말처럼 선언하는 형태로 이루어질 수도 있다. 그러나 문제가 되는 것은 예언자 위주의 신, 영혼, 세계에 대한 설명 구조가 결국 즉시성, 즉각성, 즉흥성의 현장 발화 형태이기 때문에 수정되거나 정정될 여지가 없다는 점이다. 동시에 아버지-말, 아들-영혼의 형태로 형이상학적인 구조 속에 머무는 것 또한 구술 문명이 지닌 한계이다. 그러나 이러한 형이상학적인 틀 짓기와는 별도로, 말이라는 매체가 갖고 있는 미래진행형적인 방향성 자체는 엄청난 힘과 에너지를 필요로 한다. 그런 점에서 전환의 시대 이야기꾼들은 예언자의 시대를 참고하면서 새로운 이야기의 형태를 구상해야 할 것이다.

② 해석의 시대 : 주석가의 시대, 읽기의 시대

"데리다는 서구 형이상학에 관철되고 있는 음성중심주의를 문제 삼는다. 음성중심주의는 말과 글(쓰기)을 구분하고 글(쓰기)에 음성, 말에 특권을 부여하고자 하는 태도를 비판한다. 이는 음성을 일차적으로, 기원적이고 본질적인 것으로 보는 것이다. 무엇보다 데리다는 음성에 최우선적으로 특권을 부여하는 형이상학적 전통을 의문시하고 그러한 사고 틀이 숨겨진 모순들을 폭로하고자 한다."[3]

축의 시대 이후에 예언자들의 말이 기록된 방대한 문헌의 정리와 주석의 시대가 개방되었다. 이는 해석적인 입장에서의 읽기의 시대로, 해석학적 자율성의 범위가 독창성(Originality)을 강조하듯 결국 회귀적인 문헌 읽기의 반복이었다. 심지어 예언자의 시대에 맥락화된 언술들이 다시 애니미즘적인 주력에 의거한 기도문으로 변환되기까지 했다.

중세의 수도사나 동양의 스님들은 백과사전적인 문헌 작업에 착수했는데, 이들의 작업은 문학적 자율성이라는 새로운 지평이 열리기 전까지 해석의 자율성에 기대어, 토씨 하나 바꾸거나 각주를 덧붙이는 반복적 읽기에 머물렀다.

이러한 상황은 말이 글을 장악하던 시대, 곧 음성중심주의가 지배하던 시대를 의미한다. 결국 말은 '아버지-말'로, 글은 '아

---

3 〈해체주의란 무엇일까? (데리다와 해체주의) - 현대해석학 강의 1〉

들-영혼'으로 종속된 형이상학적인 구도로부터 벗어나지 못한 상황에서, 글은 여전히 보족적인 역할에 머물렀다. 결국 글은 말의 권위에 의존하여 종속되는 형태였으며, 그 결과 인간은 자기 안에 또 하나의 권위적 로고스, 즉 또 다른 아버지를 잉태하게 되었다. 데리다는 이것을 구술 문명으로 규정하면서, 문자 문명의 개방을 응시했다. 이후 사실상 문학의 자율성이 등장하면서 해석의 자율성을 대체하게 되었고, 초기의 문학가들은 신의 언어에 필적하는 인간의 언어를 창조해야 한다는 사명감 속에서 글에 숭고의 미를 부여했다. 이는 구술 문명으로부터 벗어나기 위한 필사의 시도이기도 했다.

이러한 '영혼의 글쓰기'로 대표되는 해석의 시대는, 곧 '손의 글쓰기'인 분석의 시대로 이행하기 전까지 지속되었다. 결국 읽기의 시대는 권위 있는 한 리더에게 종속되어 아버지 형상의 판에 머무는 것에 불과했다. 따라서 이 시기에는 이야기의 자율성을 개방할 수 없다는 점이 드러난다. 결국 '누가 말했느냐'가 아니라, '어떻게 집단적으로 이야기하고 수정하며 확장할 것인가'가 중요하다. 집단적 리더십을 통해 끊임없이 수정과 정정이 이루어질 때 비로소 글의 자율성, 문학적 자율성이 열리는 것이다. 결국 이야기의 해석자나 각주자의 입장이 아니라, 이야기의 창작자의 입장이 되어야 이야기의 자율성이 개방된다. 말의 권위가 사라진 자리에서 무수한 덧글, 첨삭, 수정, 정정 등이 수행되는 집단적 배치가 필요한 것이다.

③ 분석의 시대 : 대답(전문가)의 자본주의, 쓰기의 시대

앞서 말했듯이 해석학적 자율성에서 문학적 자율성으로 이행하면서 셰익스피어와 괴테 등의 대문호가 탄생했다. 이는 신의 언어를 넘어서는 인간의 위대성과 숭고함을 갖추려 노력한 시대이기도 했다. 문학의 자율성은 '쓰기의 시대'를 개방하면서, 읽기의 시대의 각주자와 해석자의 형상에서 창작자의 형상으로 글을 배치하기 시작했다. 데리다에 따르면, 이러한 상황은 구술 문명에서 문자 문명으로의 이행을 의미한다. 말이 아닌 글의 자율성이 확립되면서 언제든 수정하고 첨삭할 수 있는 글의 가능성이 개방되었고, 음성 중심주의의 형이상학으로부터 벗어나는 길이 열렸다.

결국 글쓰기 시대의 개방은 사실상 권위에 억눌리지 않는 자유로운 말의 시대도 동시에 개방하는 것이었다. 여기서 말을 글처럼 사용하는 사람들이 현대사회를 살아가는 이들이라는 점

에 주목할 필요가 있다. 글처럼 수정하고 첨삭하고 정정하면서 말하는 사람들이 도처에 만개한 오늘의 상황은 말과 글의 관계를 전도시킨다. 말과 글 모두의 자율성이 보장된 것은 바로 이 글쓰기 시대의 개방 이후였다. 형이상학적인 영혼의 글쓰기가 아닌 손의 글쓰기는 글 자체를 연장통의 도구로서만 다루는 방식을 의미한다. 연장으로서의 글은 필요하다면 언제든 꺼내 쓸 수 있고, 작가의 아우라에 종속되지 않고 자율성을 갖게 된다.

구술 문명의 시대인 형이상학 시대에는 예언자들이 은유와 비유를 통해 의미를 빗겨 나가는 발언을 하면 그것이 곧 권위로 작동해 반복구나 후렴구의 기도문과 같은 형상으로 바뀌게 되는 결과를 낳았다. 반면 문자 문명에서는 형이상학처럼 신, 세계, 영혼의 본질에 대해서 말하지 않는다. 즉, 본질과 이유에 대한 설명 과정을 의도적으로 회피하면서 그 대신 작동과 양상에 대해서만 기능적으로 대답을 하게 된다. 이것은 결국 '~은 ~이다'라는 예언자의 말과는 완전히 다른 양상이 개방되는 것을 의미한다. 문자 문명에서는 근거(ground)를 가진 정의(definition)의 방식이 대답을 자처하는 결과를 낳는다. 결국 이러한 전문가주의는 대답의 자본주의가 작동하는 방식이라고 할 수 있다. 그러나 그 대답은 사물, 생명, 자연의 본질과 이유에 대해서 대답

(형이상학화)하지 못한 채, 작동과 양상만 다루면서 기능으로 대답하고 설명할 수 있는 기능적 전문가의 시대를 의미한다.

그러나 전환사회의 전망은 '~은 ~이다'라고 의미화=표상화=모델화를 하는 것에 달려 있는 것이 아니라, '~은 ~일까?'라는 문제 제기가 갖고 있는 n-1분절의 지평으로 향하는 데 달려 있다. 결국 전환사회는 궁금증과 호기심을 가지고 듣는 사람들의 시대이다. 단순히 전문가들의 들러리로서 듣는 사람이 아니라, 듣는 사람 자체가 자신의 잠재력과 깊이를 펼칠 수 있는 판과 마당을 깔기 위해서 노력하는 시대가 전환사회가 될 것이다. 결국 듣는 사람의 강렬도에 따라 무수한 이야기들이 만들어지는 시대가 전환사회이다. 이것은 문자 문명의 극한이며, 수많은 이야기꾼들이 듣는 사람의 판 위에서 춤추듯 이야기하는 시대의 개막이다. 전환의 시대는, 대답의 자본주의가 구축한 근대적인 이분법, 즉 주인공과 관객의 무대장치를 완벽히 허물면서 수많은 이야기꾼을 만들어내는 판과 마당의 개방을 예고한다.

④ 전환의 시대 : 듣기와 이야기꾼의 시대

전환사회는 수많은 이야기꾼이 함께 말하고 함께 듣는 시대이다. 듣기라는 판이 깔려 있기 때문에, 수많은 이야기꾼들 각자가 말하고 쓰고 읽고 노래할 수 있다. 이는 '대답의 시대'에서 '문제 제기의 시대'로의 이행이다.

대답 중심 사회에서는 하나의 문제 제기에 하나의 답이 있다고 믿기 때문에 그러한 답을 모델링하면서 기능 분화하면 효율적으로 문제가 해결될 것이라고 생각한다. 이것이 곧 대답의 자본주의의 작동 방식이다.

반면 문제 제기 중심의 전환사회에서는 하나의 질문에 대답이 없을 수도, 여럿일 수도, 모두가 답일 수도 있다는 구성주의적인 지평이 열린다. 다시 말해서 문제 제기는 세상을 재창조하거나 재구성하는 능력을 의미하며, 하나의 이야기가 아닌 수많은 당사자와 주인공들의 이야기를 발화하는 과정 자체가 매우 중요해진 상황이다. 그런 점에서 이야기꾼의 등장은 전환사회의 전망의 핵심이라고 할 수 있다.

그러나 이 시대의 이야기꾼들은 새로운 위기에 직면해 있다. 기후위기로 인한 마음의 위기, 상상력의 위기, 인문학의 위기가 그것이다. 결국 이 세 가지 위기는 이야기의 위기로 직결된다. 이러한 점에서 전환사회의 마중물이 될 기후행동은 주변과 곁, 가장자리의 수많은 이야기꾼을 양성하는 과정이어야 할 것이다. 이야기꾼은 주인공(전문가)과 관객의 이분법을 넘어, 모두가 함께 말하는 공동체적 네트워크의 무대를 펼친다. 여기서 이야기꾼은 스스로 말하는 것이 아니라, 끊임없이 이야기가 만들어지도록 부추기는 퍼실리테이터(facilitator, 조력자, 촉진자)이며, 전환사회를 열어 낼 활동가 형상일 수 있다.

듣기의 판이 깔리면, 모든 사람이 역사적인 매체를 모두 사용할 수 있게 된다. 예언자적 말하기를 할 수도 있고, 해석자의 읽기를 할 수도 있고, 대답의 쓰기를 할 수도 있고, 문제 제기의 이야기꾼이 될 수도 있다. 그러나 그것은 틀 짓기가 아닌 하나의 이야기의 설정에 불과한 것이다. 이야기꾼들은 모든 역사적이고 인류학적인 유형의 매체를 계통적으로 다시 복원해 내면서 거대한 전환의 시작과 끝, 그리고 그 속에서의 특이점을 표현해 낼 수 있을 것이다.

이야기꾼은 누군가를 대신해서 말하는 것이 아니라, 바로 자신의 문제를 삶의 이야기 속에 녹여 내서 이야기한다. 다시 말해서 그의 말은 자신의 실존적 영토, 삶의 배치로부터 비롯된다. 그런 점에서 맥락화된 말은 탈맥락화된 말과 초맥락화된 말 등을 다시 구성하며, 그 맥락은 삶의 배치이자 사회적 배치이자, 우주와 자연, 생명의 배치이다. 이야기가 삶의 영토에 내

재하는 우주, 자연, 미생물, 동물, 식물, 광석 등의 무수한 주체
성이 교차하고 횡단하는 것을 표현하는 양식이라면, 전환의 시
대에 이야기꾼은 바로 그 흐름을 드러내는 자이다. 단지 웃자
고 한 이야기조차도 말이다.

전환의 이야기의 구체적 양상

둘레환경의 변화 : 산업 재편과 농업의 위기

문명의 전환이 능동적으로 이루어지는 과정을 상정하고 있
지만, 사실상 파국적인 상황의 도래 또한 불가피하다. 그중 하
나가 일자리, 소득, 식량 등의 위기 상황이다. 성장주의가 상정
하고 있는 둘레환경은 인간이 통제 가능한 수준에 있었던 자연
과 생명이었다. 그 속에서 폐기물 등을 마음껏 버려도 되고, 무
한한 자원을 채굴할 수 있다고 여겨왔다. 그러나 이제 전환의
이야기는 명백히 드러나고 있는 생명과 자연의 한계, 그리고 우
리 주변의 생존과 생활을 위한 둘레환경의 변화를 가리킨다.
특히 이야기꾼들은 이러한 둘레환경의 변화에 민감하게 대응
하는 이야기를 생산할 필요가 있다.

산업 재편만 하더라도 그런 이야기의 생산이 필요하다. 내연기관에서 전기자동차로의 이행을 앞두고 수많은 엔진 산업 노동자들이 일자리를 잃는 상황이 근미래에 현실화될 것이다. 이러한 녹색구조조정은 향후 국제무역 규제에 따라 불가피하게 요구되는 과제임에도, 현재는 그 필요성이 단지 '어쩔 수 없는 선택'으로만 인식되며 지체되고 있다. 이런 시점에서 노동자들의 전환을 어떻게 가능하게 할 것인가에 대한 깊은 성찰과 전망이 필요하다.

IMF사태 당시 자활이라는 시스템은 개인을 고립시켜 우울, 전망 상실, 자살의 위기로 내몰았다. 어떻게 하면 녹색전환의 핵심인 정의로운 전환을 가능하게 할 것이며, 그것을 담아낼 이야기는 무엇인지에 대한 성찰이 필요하다. 아직까지는 노동조합조차도 그 과정에 대한 이야기적 상상력을 형성하는 데 주저하고 머뭇거리고 있는 실정이다.

동시에 농업의 위기와 농촌의 붕괴는 식량 위기 대응에 탄력성을 현저히 떨어뜨릴 것이다. 이에 대한 전환의 시나리오로는 '농(農) 가치 중심의 문명의 전환'이라는 이야기가 제시될 수 있지만, 이를 현실화하는 이행기의 전략으로서의 이야기는 거의 전무한 상황이다. 실제로 유럽의 농업 기반이나 생태공동체 기

반이 68혁명 시기에 히피라 불린 욕망 해방의 물결에 따라 구
체화된 점은 주목할 만하다. 다시 말해 히피문화라는 '탈주하는
자들의 표현 양식'이 바로 유럽 농업의 이야기 형태가 설립되는
과정이었던 셈이다. 어떻게 거대한 전환의 탈주로를 생명과 자
연을 향해 안으로 되말리는 역행(involution)적 과정으로 만들 것
인가를 생각하는 지점에서 이야기의 생산이 반드시 필요하다.

사물, 생명, 기계, 자연과 관계 맺기의 변화 : 혼종적 주체성 양상

사물, 생명, 기계, 자연과의 상호 의존성에 입각한 관계 맺기는
최근 포스트 휴먼의 담론을 통해 본격적으로 조명되기 시작했
다. 결국 인간중심주의에서 벗어나, 인간과 관계 맺는 생명과 자
연의 관계성 차원으로의 이행이 시작되었다. 근대 문명에 대한
비판이 인간의 특권을 해체했다 하더라도, 여전히 인간은 양육
자이자 살림꾼으로서의 역할을 방기할 수 없다. 혼종적 주체성
양상으로서의 인간은 생명과 자연과의 관계 속에서 더 풍부하고
다양한 이야기를 만들어 낼 수 있다. 그저 자연과 생명을 자원이
나 대상으로 간주하는 기존 문명의 방식이 아니라, 비인간 존재
를 하나의 주체성으로 연루시키고 참여시킬 수 있는 방안이 필

요하다. 사물, 생명, 기계, 자연과의 혼재면 속에서 만들어지는 이야기에 대한 접근은, 도나 해러웨이(Donna Haraway)의 작업에서도 드러나듯 색다른 이야기와 예술의 원천이 될 수 있다.

전환사회에서는 주인공 담론으로 이루어진 책임 주체와 자아(ego)를 축소하고 보다 확장적이고 포용적인 주체성의 전모를 드러내야 한다. 이 지점에서 생명과 자연에 대한 새로운 시각이 제출될 수 있을 것이다. 이야기꾼들은 이야기를 구성하는 과정에서 비인간 주체성을 적극적으로 참여시켜야 하며, 이를 통해 이야기 소재의 확장성을 만들어 가야 할 것이다. 전환 사회의 이야기 형태는 비인간 주체를 그저 객체나 대상이 아니라 공동 제작, 공동 생산의 주체성으로 간주할 때 자연과 생명의 심원한 깊이와 잠재성을 깨닫고 더불어 다양해지고 풍부해질 수 있다. 비인간 주체성이 함께 득실거리고, 우글거리고, 웅성거리는, 활력 가득한 전환의 이야기가 필요한 것이다.

생활양식에서의 변화 : 대응과 적응의 양식

우리의 삶을 지배하고 있던 성장주의적 삶의 방식, 다시 말해서 성공주의, 승리주의·자기 계발·속도·효율성·경쟁 등의 통속적 문명의 삶의 양식을 재편해야 한다. 능동적 전환은 느림과 여백, 삶과 실존의 재발견을 통해서 이루어질 가능성이 높지만, 수동적 전환은 패배주의적인 마인드나 우울·감쇄·후퇴 등의 방식으로 나타날 수 있다.

전환은 먼저 자신의 삶의 이야기 양식을 바꾸는 것부터 시작된다. 이를 위해서는 근대의 주인공 담론이 만들어낸 주체-대상의 이분법을 허물고 자연과 생명을 대상으로 간주하던 관점을 되돌려, 객체 지향적인 마인드로 역행(involution)해야 한다. 여기서 역행은 '안으로 되말리는' 것으로 자연과 생명을 향해서 되감기는 객체 지향의 삶의 방식, 즉 농(農) 가치의 부활을 의미한다.

해러웨이의 말처럼, 가족주의적인 습속에서 벗어나 '대안적 친척' 관계를 동물·식물·사물·기계·미생물과 함께 구상해야 할 것이다. 이러한 안으로 되말리는 과정은 혁명(revolution)과 같이 밖으로 파열되는 것은 아니지만, 그 순환과 재진입의 속도를 높이면서 생활양식의 궤도를 탈성장으로 연착륙시킬 것이다. 통속적인 생활양식으로서 TV·육식·자동차·아파트·마트·일회용품 등의 가시적인 분야에서의 변화도 수반될 것이지만, 보이지 않게 삶의 지향성을 바꾸는 일도 중요하다. 전환사회는 완전히 다른 생각과 다른 생활양식을 창안할 것이다. 우리가 가진 에너지를 모두 사용하며 살아가는 활력 있는 삶 속에서 전환사회를 향한 가능성의 창이 열린다. 자동적이고 편리한 방식, 단기적인 이득을 좇는 삶의 방식은 저편으로 사라지고 생명과 자연을 돌보는 무수한 활력의 서사가 등장할 것이다.

전환의 이야기꾼들은 통속적인 문명 비판에 머물지 말고, 새로운 삶의 방식의 창안과 발견을 통한 이야기 형태의 설립을 도모해야 한다. 이를 통해서 완벽하게 다른 생각, 다른 삶, 다른 신체의 가능성에 접속할 수 있을 것이다.

이는 하나의 모델을 효율적으로 적용하는 것이 아니라, 다양한 모델을 넘나들며 탄력적 서사를 만들어 나가는 일이다. 완전히 다른 삶이 가능하다는 낙관 속에서, 비스듬한 횡단의 과정 자체를 이야기로 추출하고 창조하는 것이 중요하다. 그렇게 새로운 이야기 마당이 펼쳐질 것이다.

시공간의 변화 : 사회적 응집도와 로컬 민감성

현존 문명은 미래 세대의 삶과 가치를 고려하지 않고 단기 투기성 자본인 부동산 이득에 심취해 있다. 다시 말해 이자

(interest)의 경제에서 지대(rent)의 경제로 이행해 있는 형국이다. 이는 기후위기 시대에 전망을 상실하고 찰나의 삶에만 몰두하는 하나의 양상으로 드러난다. 그러나 조효제의 『탄소사회의 종말』(2021, 21세기북스)에 따르면, 사회적 응집도, 즉 공동체적 관계망에서의 유대감이 더욱 높아질수록 미래 세대의 시간이 개방된다는 점이 드러난다. 다시 말해 개인으로 분해된 삶 속에서는 눈앞의 이익과 같은 단기적인 시간대 속에서 살 수밖에 없으며, 미래 세대의 시간이 열릴 수 없다. 오직 공동체적 관계망 속에서만 미래를 향한 시간의 문이 열린다. 이것이 전환사회의 시간적 서사다.

공간적인 측면에서도 국지적인 영역에서의 깊이와 잠재성에 민감할수록 오히려 전 지구적인 시각을 가질 수 있다. 우애와 환대가 호환 가능한가에 대해서는 논란의 여지도 있다. 다시 말

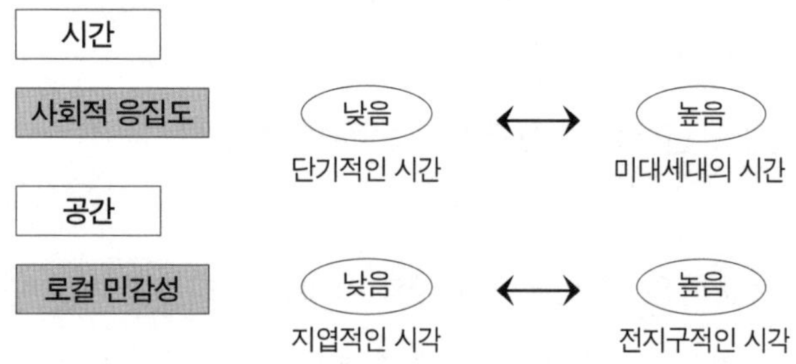

해 로컬 민감성 자체가 문턱 있는 유토피아의 정당화 논리가 아닌가 하는 문제 제기는 유효하다. 그러나 가까이에 있는 소수자에 대한 사랑은 자신과 거리가 먼 기후난민과 제3세계 민중에 대한 연대의 초석이 된다. 이것이 전환사회의 공간적 서사다.

결국 시공간의 구도에서 본 전환사회의 전망은 공동체의 설립이라는 이야기의 형태에 기반하고 있음이 드러난다. 개인주의 시대의 주인공 담론을 넘어, 주인공도 없고 관객도 없는 n분절의 공동체의 판에서의 이야기를 고무하여야 할 것이다. 보이는 공동체와 보이지 않는 자연과 생명의 공동체가 함께 어우러져 이야기 마당에서 한판 난장을 벌일 때, 우리는 비로소 뿌듯함과 해방감을 느낄 수 있으리라. 그랬을 때 비로소 자신과 가장 먼 존재에 대한 사랑이 가능해지고, 미래 세대의 시간이 열릴 것이다.

전환의 이야기에서 탈성장의 상상력

전환의 이야기는 자본주의문명이 갖고 있는 한계테제, 즉 민주주의를 퇴행시키는 자본과 권력이 작동하기 때문에 자유, 평등, 박애와 같은 공동선을 실현하기 어렵다는 지점에 대한 비판적이고 뾰족한 문제제기를 수행해야 할 것이다. 다시 말해, 권력과 자본은 민주주의를 퇴행시키는 자본주의 하의 봉건적 잔재인 것이다.

그렇기 때문에 민주주의를 가속화함으로써 자본주의 문명의 한계 지점을 돌파하는 방향에서 탈성장의 상상력이 작동해야 한다. 문제의 해결에는 물론 제도와 시스템의 변화도 필요하지만, 국가주의적인 해결 방안을 마련하기에 앞서 공동체의 자치와 자율의 행위 양식을 어떻게 구성할 것인가가 더 중요하다. 따라서 전환사회의 이야기 마당은 탈성장의 상상력을 모으고 도모하며 문제를 제기하는 장이어야 할 것이다.

현존 문명은 사회를 미리 주어진 전제 조건으로 보면서 공통감각(Commonsense)이나 상식 속에서 사회는 자동적으로 생기게 되어 있다는 근대의 헤겔과 같은 동일성의 철학자들의 영향력 하에 있다. 이들은 모순·대립·갈등이 사회의 성숙으로 향하는 지름길이라고 보는데, 이는 사회가 처음부터 주어져 있었다거나 혹은 저절로 만들어진다는 나이브한 전제 조건 하에서나 가능한 논리다. 그러나 수단·예멘·미얀마·시리아 등 죽은 국가, 죽은 도시가 즐비하게 출현하고 있는 현 시점에서는 사회 구성적이고 인류 재건적인 실천이 더욱 절실하다. 이러한 시대에 사회를 재건하고 구성하는 이야기를 만들어 내는 과정은 무엇보다 중요하다. 모순과 대립이 야기하는 깊은 상처와 역사적 아이러니 속에서도, 삶의 이야기를 꿋꿋이 만들어 내는 새로운 판이 필요한 것이다. 또한 분명히 우리 한국사회가 더 이상 제3세계가 아니라 제1세계임을 자각하고, 기존 제3세계 모델에 입각한 저항의 이야기나 민족주의를 빙자한 인종주의적 담론을 넘어, 1세계 한국 사회에서의 탈성장의 상상력을 발휘할 수 있는 새로운 이야기 형태의 설립이 필요하다.

현재 우리나라는 87년 체제라는 성장주의를 기반으로 한 헌법에 기초하고 있다. 이러한 현존 문명의 제도와 시스템을 넘어, 새로운 제헌적 과정이 필요하다. 탈성장 헌법 질서를 만드는 수준에서, 전혀 다른 삶, 전혀 다른 제도와 시스템이 가능하다는 인식으로 나아가야 할 것이다. 이러한 지점에 이르러야 비로소 사회 구성적이고 인류 재건적인 상상력과 이야기가 헌법적인 수준에서의 논의를 생산하는 차원으로 큰 그림을 그릴 수 있을 것이다.

탈성장 전환사회의 이야기들은 도덕주의/영성주의의 이야기처럼 아껴 쓰고 실천하는 개인의 자발성과 가난의 선택에 머물러서는 안된다. 그것은 하나의 대답일 뿐, 문제 제기를 통해서 활력과 생명력, 정동을 생산하는 데까지 나아가지 못하기 때문이다. 결국 종교나 형이상학과 인문학의 역할은 다르다. 인문학의 역할은 사회적 이야기와 활력의 생산에 있다.

우리 주변에는 함께 작당하여 마을을 만드는 사람들과 끊임없이 이야기를 만드는 기계인 돌봄 모듈이 있다. 마음의 메타모델화는, 너무도 이야기할 것이 많아 문제가 되는 모든 커플, 돌봄 모듈, 소집단, 팀 조직 등에서 유통되는 이행하고 횡단하는 이야기들의 네트워크를 의미한다. 전환의 동력은 수천수만의 이야기꾼(=판 짜는 자)으로부터 시작할 것이다. 그것은 공동체와 네트워크에서 파워풀한 이야기들을 만드는 우리의 행동에서 시작할 것이다. 그리고 그 주제는 기후행동과 탈성장임에 분명하다. 우리는, 삶과 현장의 이야기를 만드는 작은 행동이 큰 변화의 시작이라는 점에서 출발해야 한다. 도토리 한 알에서 시작된 천이(遷移)가 떡갈나무숲의 혁명으로 이어지듯, 전환의 혁명도 그렇게 시작할 것이다.

지구적 슬픔을 넘어서는 재연결작업과 대전환의 희망 만들기

분리된 세계를 다시 연결하는 일

유정길

연결된 세상에서의 고통 : 분리된 자연과 사회

관계없는 세계와 관계있는 세계

경쟁은 너와 내가 구분되고 나뉘어 있다고 생각해야 가능하다. 나뉘어 있기 때문에 너의 성공과 실패는 나와 관계가 없다고 생각한다. 경쟁사회는 네가 패배해야 내가 이길 수 있다. 오늘날의 사회는 모두가 서로를 향해 전투를 하는 경쟁사회이다. 그래서 경쟁에서 이기기 위해 어릴 때부터 4세 고시, 7세 고시를 위해 혈안이 되고, 사명감이나 인도적 의지와 관계없이 의대와 법대를 가야 경쟁에서 유리한 위치에 오를 수 있다. 너의 고통과 불행은 나와 '관계없다'고 생각하기 때문이다. 그래서 치열한 경쟁 속에서 궁극에 한 명만이 오를 수 있는 최종의 '갑'이 되기 위해 수많은 '을'이 존재하는 것은 어쩔 수 없으며 필수적이라고 생각한다. 그러나 한 게임에서 이긴 사람도 더 많은 게임에서 좌절과 패배를 경험할 수밖에 없다. 평생에 걸쳐 개인은 이기는 경험보다 지는 경험을 더 많이 하게 될 것이다. 이러한 경쟁 사회의 모습은 학교교육에 그대로 적용되어 있다. 오늘날의 학교는 서로 협력하고 협동하는 방법보다 이기는 방법을 가르치고 있지 않은가

경쟁 사회는 "모든 것은 나뉘어 있고 구분되어 있으며" 그래서 "나와 네가 서로 상관이 없다"는 분리된 인식을 근본으로 하고 있다. 따라서 인간과 자연도 분리되어 있다고 생각하여 아마존의 밀림이 파괴되고 생물종이 멸종되든 말든, 오염으로 자연이 황폐화되든 말든 나와 '상관없다'고 생각한다. 오히려 나의 이익과 개인의 경제적 성장을 위해 경쟁적으로 개발하고 파괴하는 것이 자연의 이치이라고 생각한다. 개인의 이기적 욕망은 당연한 것이라고 생각하며, 너는 나의 경쟁의 대상이며, 인간을 위해 자연은 정복의 대상이라고 생각한다. 다윈의 "자연선택설"을 사회에 적응하여 약육강식, 생존경쟁, 적자생존이 기반이라는 허버트 스펜서의 사회진화론의 논리가 오늘날 산업사회의 근본이 되었다.

죽임에서 살림으로

근대 계몽주의를 기반으로 한 산업사회에서 자연은 분자, 원자, 소립자 등 기본 입자로 구성되어 있고, 존재는 바로 그 기본 입자의 조립이라고 생각한다. 이렇게 쪼개고 나뉜 사회에서 이긴 사람도 모두가 결국 패배자가 되는 것은 어쩔 수 없다. 그러한 좌절·패배·피해의식이 결국 인간에게 소외·고통·좌절을 안겨 주며 인간과 인간끼리 정신적인 죽임을 반복하고 심화시킨다. 그러한 정신적인 죽임이 누적되어 임계점의 극한을 넘어서면 자살, 우울증, 과로사, 돌연사의 원인이 되는 것이다. 우리나라는 이미 OECD 국가에서 자살률 1위의 국가이다. 인간과 '인간끼리의 죽임'이 확장된 것이 '인간의 자연 죽임'으로, 자연의 파괴·생명의 파괴·기후위기, 생태위기라는 현상으로 발현된 것이다. 죽임의 사회인 것이다.

현상은 생물종 파괴·기후위기·해양오염·사막화 현상 등으로 나타났지만, 결국 인간과 인간 그리고 인간과 자연을 가르고 나누어 경쟁하며 서로를 죽이는, 죽임의 문화가 근본이 된 것이다. 그래서 시인 김지하는 생태위기는 이러한 '〈죽임의 문화〉를 〈살림의 문화〉로의 거대한 개벽적 전환을 강제하는 메시지'

라고 말한 것이다.

모든 고통은 분리되어 있다는 생각에서 비롯된 것이다.

반복하지만 근대사회에서는 너와 나, 인간과 자연 등의 세계는 분리되어 있다고 생각했다. 그래서 서로 대립하고 경쟁하는 것을 당연한 것으로 생각했다. 그러한 대립과 경쟁의 피해가 바로 개인과 사회의 고통으로 전화된 것이다. 모든 고통은 연결된 세계를 분리된 것으로 인식하기 때문에 발생하는 것이다. 분리되어 있다는 생각이 바로 생태적인 슬픔과 우울, 고통의 원인이 된 것이다.

세계는 촘촘한 그물망처럼 연결되어 있다. 불교의 연기(緣起)적 세계인 것이다. "이 일이 일어나는 것이 원인이 되어 저 일도 일어나는 것이다. 또한 이것이 사라지면 저것도 사라진다." 세계는 촘촘한 그물처럼 복잡하고 다양하게 연결되어 관계 맺고 있다. 연결된 세상에서 누군가의 고통은 나의 고통의 일부가 된다. 아마존 밀림의 파괴와 생물종의 멸종은 내 삶을 이루는 생명의 고통과 연관되어 있다. 지구상 어딘가에서 발생되는 수많은 전쟁과 갈등은 결국 연결된 나의 고통에 크고 작게 영향을 준다. 당신의 고통은 나의 고통의 원인이 되고, 자연의 고통, 생명의 고통은 인간의 삶에 촘촘히 영향을 주고 있다.

쓰레기 분리수거 운동을 하거나 오염을 저감시키고 무분별한 개발에 저항하며, 바다의 오염을 줄이고, 북극과 남극의 녹아내리는 빙하의 위기를 걱정한다고 해도 이러한 분절되고 구분된 사고를 협력과 관계 중심적 사고로 바꾸지 않으면 근본적인 해결로 이어질 수 없다. 서로 관계 맺고 있는 세계에서 모든 생명과 존재는 공간적으로 현세대의 모든 사람과 생명 존재들뿐 아니라 시간적으로 과거와 현재, 미래로도 연결되어있다.

아나키스트인 표트르 크로포트킨은 자연은 경쟁이 아니라 협력이 근본임을 강조하며 실제 종의 진화 과정에 경쟁에서 이기는 종이 아니라 협력을 잘하는 종이 오래 살아남는다고 말한다. 분리된 입자적 존재가 아니라, 연결된 관계적 존재로서 삶을 회복하는 것이 위기 해결의 근본이다. 기후 환경 문제는 이러한 어리석고 잘못된 우리의 세계관을 전환하라고 강제하는 근본 메시지이다. 이 전환은 한 사회 개혁의 규모나 국가 혁명의 규모를 넘어서는 것이다. 거대하고 지구적인 차원의 세계관과 패러다임적인 전환이다. 그래서 문명적 전환이라고 말하는 것이고, 나아가 동학의 표현으로 개벽(開闢)이라고 말하는 이유이다.

우리 앞에 적이 나타났다. 그런데 그 적이 우리다

상상해 보자. 외계인이 지구를 습격하여 인류에게 전염병을 퍼뜨리고 달아났다. 그래서 인간은 빠르게 전염되는 감염병을 막기 위해 각 나라마다 당면한 시급한 문제를 모두 뒤로 제쳐 두고 이 문제에 가장 우선적으로 대응하게 되었다. 우리가 코로나19 때 이미 경험한 것과 같은 상황이다. 그런데 외계인이 전염병이 아니라 이산화탄소를 대기 중에 뿌리고 달아났다고 해 볼까? 그로 인해 지구가 더워져 앞으로 10년 안에 대응하지 않으면 인류가 절멸할 것이라고 한다면 우리는 어떻게 대응해야 할까? 당연히 모든 나라가 열일을 일을 제쳐 두고 우선적으로 긴급하게 대응하지 않으면 안 될 것이다. 지금 기후위기는 바로 이 상황이다. 그런데 아이러니하게도 이산화탄소를 뿌리고 달아난 적이 바로 우리다.[1] 그런데도 인류는 그러한 위급한 재앙적 사고에 형식적으로 대응할 뿐이다. 여전히 생태 환경의 보존보다 경제 발전과 성장과 이익만 추구할 뿐이다. 국제적으

---

1   데이비드 로이, 『과학이 우리를 구원하지 못할 때 불교가 할 수 있는 것』, 민정희 역, 불광출판사, 2020.

로는 기후와 환경의 우선성을 강조하지만 자국으로 돌아오면 결국 다시 경제와 성장이 우선이라고 말한다.

인류가 2030년까지 1.5℃ 기후위기를 대응할 수 있는 시간은 몇 년밖에 남지 않았다. 이 위기의 대처에는 '가속행동'과 '감속행동'이 필요하다고 신승철(생태적지혜연구소 전 소장)은 말한다. 가속행동은 탄소중립을 위한 정책과 기술적 대응을 시급히 시행하는 것이다. 감속행동은 위기를 초래한 근본원인인 거대한 물질적 발전과 성장 패러다임의 속도를 늦추고 문명적인 전환을 하는 것이다. 시급한 증상에도 대처해야 하지만 근본 치료, 원인 치료도 동시에 하지 않으면 안된다.

해법의 시작 : 갈라진 세계를 다시 연결하기

고통의 극복 : 다시연결하기

조애나 메이시(Joanna Macy, 1929-2025)는 시스템 이론가이며, 불교학자이자 여성운동가이고 생태주의 운동가이다. 그녀가 제안한 재연결 작업(WTR : Work That Reconnects)[2]이 바로 기후위기 시대의 원인 치료를 위한 실천적인 전략 지침이다. 오늘날 위기는 본래 연결되어 있는 사회와 자연을, 나누고 구분해 온 과보이며, 우리가 느끼는 고통은 연결되어 있기 때문에 발생한 것이고, 그래서 근대사회의 끊어지고 갈라진 사회와 의식을 다시 연결하는 재연결 작업을 통해 극복해 나가야 한다고 그녀는 주장한다.

거대한 전환의 중요성을 강조해 온 세계적인 학자와 활동가들이 인류 문명의 방향에 대해 역설한 공저『두려움 없는 미래』[3]에서 그녀는 대전환을 위해 우리가 해야 할 것은 '호스피스'의 역할과 '산파'의 역할이라고 강조했다. 사라져야 할 것들에 대해서는 그 성과가 발전적으로 전수되도록 좋은 호스피스 역할을 해야 하고, 새로운 대안적 문명과 가치들이 다양하게 태어날 수 있도록 산파 역할을 해야 한다는 것이다.

『산처럼 생각하라』[4]에서는 자연에 대한 심층생태적 각성

---

2 조애나 메이시, 크리스 존스톤,『액티브 호프(Active Hope)』, 양춘승 옮김, 벗나래 출판사, 2016.
3 게세코 폰 뤼프케외 공저,『두려움 없는 미래』, 박병화, 박승억 옮김, 프로네시스, 2010.
4 아르네 네스, 존시드, 조애나 메이시, 팻 플래밍외 공저,『산처럼 생각하

을 중심으로, 인간이 지구상의 중심이 아니며, 동물과 식물 등 유정(有情)·무정(無情)의 생명들과 과거 선조들의 전통과 미래 세대를 연결하고 그들의 고통과 입장을 이해하도록 체득하는 '온생명회의(Council of All Beings)' 프로그램을 상세히 소개했다. 그리고 『액티브 호프(Active Hope)』는 본격적으로 문명 전환을 위한 사회운동 프로그램인 〈재연결 작업(WTR : Work That Reconnects)〉을 이론적으로 소개했다. 『생명으로 돌아가기(Coming Back to Life)』[5]는 앞의 두 권의 내용을 포함하여 더욱 깊고 풍부하게 소개하며 재연결 작업을 구체적으로 실행할 수 있도록 만든 전략서이자 실행 지침서이다.

위기가 중심인가, 전환이 중심인가

그녀는 오늘날 위기의 문제를 받아들이는 세 가지 관점과 자세를 소개했다. 첫 번째 관점은 "별문제 아니다. 그냥 살았던 대

라』, 이한중 옮김, 소동, 2012.
5 조애나 메이시, 몰리영 브라운, 『생명으로 돌아가기』, 이은주 옮김, 유정길 감수, 모과나무, 2020.

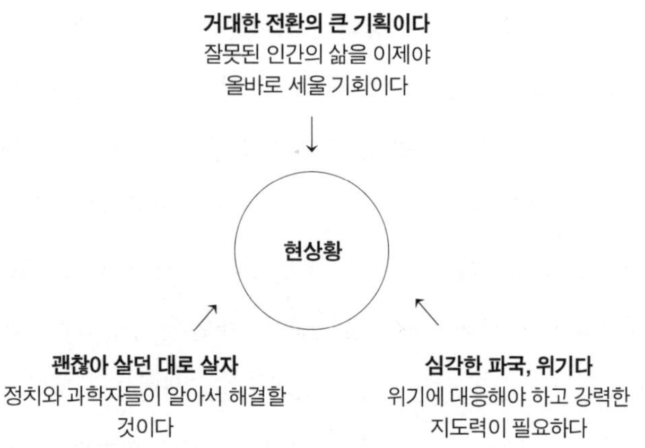

로 살자(Business as Usual)"는 입장이다. 이제껏 그랬듯이 정치인이나 과학자들이 정책이나 과학기술을 개발하여 모두 해결할 것이라고 낙관하고 걱정은 되지만 현재 살던대로 살면서 조금만 노력하면 잘 해결될 것이라는 입장이다.

두 번째는 현재의 위기상황이 대단히 심각하다고 생각하며 '대파국, 대균열의 시대(The Great Unraveling)'라고 생각하는 입장이다. 이 위기 상황은 전 지구적으로 너무도 규모가 크고 심각하기 때문에 이에 대응하기 위해 비상의 긴급한 노력을 해야 한다는 입장이다. 그러나 위기에 대응하려는 우리의 노력에도 불구하고 불안이 고조되고, 정치적 공방이 심해지며 사회적 공포는 여전히 높아 간다. 심지어 거대한 파국 앞에 무력감을 느끼고 우울증과 자포자기의 심정을 갖기도 한다.

세 번째의 관점은 현재의 위기를 대전환(The Great Turning)의 중요한 기회라고 생각하는 것이다. 위기의 거대함과 심각함에 동의하며 그것은 오히려 더 큰 희망으로의 전환을 요청하는 기회라는 입장이다. "위기"를 새로운 사회, 생명사회로의 "대전환"의 입장에서 바라보는 것이다.

조애나는 세 번째의 초점을 강조한다. 위기와 불안을 강조하는 것이 초점이 아니라 오히려 대전환의 큰 설렘과 희망을 말하는 운동이 되어야 한다는 것이다. 우리가 해야 하는 운동은 그 어떠한 혁명보다 큰 '역사상 최대의 사회운동'이다. 그래서 전환의 관점에서 현재의 위기는 오히려 '축복받은 불안(Blessed Unrest)[6]이라고 한다. 두렵지만 잘못된 것을 바꾸어 정상의 바른 삶으로 회복하는 전환의 중요한 기회라고 생각한다.

이제껏 수많은 환경운동가들이나 정치인들은 두 번째인 "위기성"에 초점을 두었다. 그런데 세 번째 대안과 희망을 말하

6 폴 호켄, 『축복받은 불안(Blessed Unrest)』, 유수아 역, 에이지21, 2009.

지 않고 두 번째만 강조되면 결국 공포 마케팅이 된다. 절박하고 긴급한 위기의 강조가 대응실천을 촉발하는 힘이 되기도 하지만, 다른 한편으로 두려움이 지속되면 사람들에게 오히려 위기에 무감각해지게 되고 무력감을 느끼게 되며, 심지어 강력한 독재자가 나타나 심각한 문제를 일거에 해결해 주길 기대하는 "에코파시즘"의 출현을 조장할 가능성이 높아지기 때문이다.

개벽으로 표현되는 '거대한 전환'을 강조하는 입장에서 현재의 위기는, 이제껏 왜곡된 자연과의 관계를 정상적이고 건강한 관계로 '올바로 다시 세우는' 기회가 되는 전환의 메시지라고 생각한다. 이 대전환은 이제까지의 성장주의, 반생명적 산업 문명의 지속 불가능한 패러다임을 '폐절'하고 생명친화적인 문명으로의 전환을 꾀하는 것이다. 이 운동은 생태적 전환, 생명평화로 통칭되는 문명 전환운동이라고 할 수 있으며, 탈근대, 탈성장, 지속 가능한 발전, 녹색순환사회운동, 개벽운동이라고도 부를 수 있다.

산업성장사회에서 생명지속사회로 희망 만들기

앞으로 1.5℃의 기후 상승을 2030년까지 막지 못하면 기후위기는 티핑포인트(Tipping Point)를 넘어 회복 불가능한 파국으로 접어들 것이라고 한다. 국제사회는 더 이상 미룰 수 없는 긴급한 대책을 마련하기 위해 부심하고 있다. 인류는 그동안 자원 개발과 자연 파괴를 성장과 발전으로 동일시했던 어리석은 과보를 받고 있는 것이다. 앞서 언급했듯이 이 위기는 두 가지의 과제를 던지고 있다.

하나는 실제 닥친 위기 상황을 극복하고 대응하는 데 혼신의 노력을 다해야 한다는 것이다. 위기 현상은 당장 해결해야 하는 과제이다. 두 번째는 위기를 초래한 원인인 인류의 어리석음과 잘못을 깨닫고 삶을 전환해야 한다는 것이다. 지금 인류는 집에 불이 난 삼계화택(三界火宅)의 상황이다. 불행히도 지구라는 한정된 공간에 사는 우리들은 불난 집에서 뛰쳐나올 방법이 없다. 우리는 꼼짝없이 갇혀서 집 안에서 불을 끄는 방법과 피해를 최소화하는 방법을 찾을 수밖에 없다. 문제는 지금 불이 났다는 사실을 확실히 알아차리는 것이다. 그리고 우리가 그동안 자신의 터전에 불을 질러 온 행동이 오히려 정의, 진리라고 생각해 온 잘못된 의식과 삶을 폐절하고 전환의 삶으로 방향을 돌리는 일이다.

오늘날의 위기는 바로 소비주의라는 탐욕[貪]이 제도화된 것이며, 군사력을 기반으로 한 전쟁과 대립은 바로 분노[瞋]가 제도화된 것이다. 자연과 자원은 분명히 한정되어 있음에도 마치 무한정하다는 착각과 어리석음[癡]를 기반으로 한 오늘날 산업성장사회가 파국을 초래한 것이다. 결국 희망 만들기 'Active Hope'는 '산업성장사회를 생명지속사회로 전환'하는 것이다. 그 희망을 만들기 위해 그동안 인류의 수많은 지혜의 자산이 동원되어야 한다.

조애나 메이시는 이러한 불안과 우울을 걷어 내고 동양 전통의 가르침과 수행에서 희망의 근거와 해법, 방법을 찾아내고, 그것을 현대적으로 변용하여 전략과 방법을 제시했다. 그것이 바로 '재연결 작업(WTR)'이다. 이것은 실천의 사상, 이론적 근거를 제공할 뿐만 아니라 대안적 활동 방향을 제시하고 있기도 하다. 변화를 위한 실천 수행의 구체적인 지침과 체험을 위한 실습과 실험, 게임 방법까지 제시하고 있는 아주 흥미로운 지침서이다.

재연결 작업(WTR : Work That Reconnects)

이제 '재연결 작업'[7]을 소개하겠다. 현재 자신이 겪는 모든 고통은 모두가 연결되어 있음에도 서로 분리되었다고 잘못 생각해 온 것이 원인이다. 사람들끼리 복잡하게 관계되고 인연이 맺어져 있기 때문에 고통(苦)이 발생한다. 개인적이라고 생각하는 모든 고통도 결국 사회적인 것이다. 따라서 그 고통을 대면, 직면하는 것을 두려워하지 말라고 한다. 이러한 두려움은 인간의 욕심[貪欲]과 분노[瞋恚]와 어리석음[愚癡]에서 비롯된다. 우리가 깨달아야 할 것은 동시대 수많은 사람, 자연이 연관되어 있다는 '공간적 연기'의 깨달음과 수십억 년 동안 우주와 인류의 역사, 과거와 현재를 지나 미래 세대까지 이어지는 '시간적 연기'에 대한 구체적 깨달음이다.

그녀의 '재연결 작업'은 네 가지 단계의 나선형 순환으로 진행한다.[8] '고마움에서 시작하기', '세상에 대한 고통 존중하기', '새

---

7 조애나 메이시의 재연결 작업 https://workthatreconnects.org/
8 나선형순환 https://workthatreconnects.org/what-is-the-work-that-reconnects/

로운 눈으로 보기', '실행하며 나아가기'가 그것이다. 그리고 그
것은 다시 고마움에서 시작하기로 돌아와 또 다른 순환을 시작
하며 진화하는 과정이 된다는 것이다.

이 '재연결 작업' 활동의 처음은 '고마움에서 시작하기'란 것
이 중요한 점이다. 필자는 이 대목에서 큰 감명을 받았다. 새로
운 대전환의 시작은 바로 고마움과 감사하는 힘이 동력이라고
말한다. 이웃과 동료, 사람에게 고마워하고 천지자연에 감사하
며, 수 많은 은혜를 "감사하는 감각"에서 자신의 해방과 사회적
과제 해결이 출발한다는 것이다. 분노와 적개심, 증오는 '파괴
의 동력'이 될 수 있어도 '창조의 동력'이 되기는 어렵고, 그것은
과거 낡은 사회의 운동 동력이었지만, 새로운 대전환 사회의 동
력이 될 수는 없다는 것이다. 사람과 자연의 은혜에 고마움을
섬세하게 느끼고 감사할수록 그 감사의 감각이 발달되어 행복
한 마음과 즐거움이 넘치고 바로 그것이 지치지 않고 활동을 오
래 할 동력이 될 뿐 아니라, 주변의 많은 사람들이 동참할 수 있
는 확장성있는 희망을 만들어 준다.

두 번째는 '세상에 대한 고통 존중하기'이다. 오늘날 일어나
고 있는 슬픔, 비탄, 분노 등의 고통을 현실 그대로 존중하는 것
이다. 고통을 피하지 않고 직면하여 그 감정을 인정한다. 그 고

통을 표현하고, 널리 공유하며 또한 그 고통이 서로 연결되어 있다는 것을 이해하는 것이다. 세상과 함께 괴로워하는 감각을 발견하고 그 고통 안에 우리가 서로 속해 있다는 사실을 깨닫는 것이다. 감사와 고마움은 고통의 현실에 직면하여 모성적 돌봄과 연민으로 결합하지 않으면 자칫 한낱 개인의 심리적 위안으로만 머물러 있을 수 있다.

예상되는 우려할 만한 사건, 현 사회와 세계에서 벌어지는 나를 고통스럽게 하는 일들, 우리 아이들을 남겨 두고 떠날 때 가장 걱정되는 일들을 생각하며 그 고통을 외면하지 말고 대면하라고 한다. 이를 위해 관계 속의 고통을 체험해 보는 다양한 프로그램들이 제시되어 있다. '고통을 존중하는 열린 문장' '서로 마주하기', 잘못된 세계관에서 고통을 느끼는 '시애틀 추장에게 보고하기', 멸종 위기종의 고통을 애도하는 '사라져가는 벗들에게', 고통 받고 있는 수많은 생명들을 애도하는 '애도의 돌무덤', 두려움·슬픔·분노·결핍 등을 구체적으로 표출하는 '진실 만다라', '절망 의식', 슬픔을 해소하는 '눈물 그릇' 등의 프로그램을 통해 사회와 자연, 생명과 미래 세대의 고통을 느끼며 공감해 보도록 한다.

새로운 패러다임으로 보아야 열리는 대안사회

세 번째는 '새로운 눈으로 바라보기'이다. 이는 나선형 순환의 세 번째 단계로 새로운 관점, 새로운 패러다임을 통해 세계를 인식하고 전환 사회의 변화를 구상하고 계획하는 것이다. 세계는 상호 의존하고 자기조절하는 체계임을 깨닫는 것이다. 그래서 대승불교의 파리나마나[回向, 회향]와 같이 환희에 찬 마음으로 만물의 행복에 헌신하는 마음을 갖는 것이다. 그리고 인드라망의 구슬처럼 전체론적 사고를 기반으로 하여 세계를 바라보는 것이다. 사람들과 세계가 어떻게 연결되어 있는지를 체험하는 '시스템 게임', 가렛 하딘의 '공유지의 비극'을 체험하는 '공유재의 수수께끼 게임', '변화를 일으켰던 힘의 체험', 자신의 관점과 이를 반대하는 사람의 관점, 사람이 아닌 생명 존재의 관점, 미래 세대의 관점에서 이야기하도록 하는 '넓어지는 원', 인간의 손과 발, 머리가 과거 수많은 진화의 결과이며 많은 가능성을 갖고 있는 것임을 체득하는 '고이 받들기', 무아를 체득하며 존재를 인식하는 '당신은 누구십니까', '자아를 버리는 춤' 등을 통해 이를 깨닫는다.

이 장에서 가장 흥미롭고 재미있는 것 중 하나는 '보살의 선택' 이라는 사고실험 게임이다. 보살은 불교에서 높은 깨달음을 얻어 해탈에 들 수 있지만, 고통 받는 중생을 구원하기 위해 다시 중생의 세계로 돌아가고자 서원을 세운 사람이다.

먼저 참여하는 사람들이 모두 그런 보살이 되기를 서원하는지를 확인한다. 그리고 현재 이 보살들이 새로운 인간으로 태어나기 직전 그 문 앞에 대기하고 있는 상황을 상상하도록 소개한다. 많은 사람들을 구제하기 위한 사명을 갖고 새롭게 환생하는 것이다. 위대한 변화에 참여할 기회가 주어진 것이다. 그런데 이들에게 자신이 태어나는 해, 태어나는 곳, 피부색, 사회경제 여건, 종교, 성별과 성적 취향, 부모와 형제자매, 장애 여부, 소질과 재능을 스스로 선택하게 한다. 그 뒤 보살로서 특정 임무를 지니고 지금 자신이 태어난 것임을 깨닫게 한다. 부모도 선택한 것이며, 성격과 장애까지도 스스로 선택했고, 현재의 조건은 우연이 아니라 고통 받는 수많은 중생을 구원하는 보살의 실천을 위해 스스로 선택한 삶임을 체득하는 것이다. 따라서 지금 자신의 조건은 스스로 선택한 삶이기 때문에 흔쾌히 받아들여야 하며, 힘들고 어렵더라도 현재의 조건 속에 세상을 변화시키기 위해 최선의 노력을 해야 한다.

앞으로 나아가기 : 과거 선조들과 유무정 생명들의 가피

네 번째의 나선형 순환은 바로 '실행하며 나아가기'이다. 우리가 바라는 미래상을 그려 보고, 문제가 해결되었다고 상상한 뒤, 그 미래의 시점에서 거꾸로 거슬러 현재를 살펴보면 가능한 해결책을 찾는 데 더욱 창의적일 것이라고 제안한다. 그래서 여성의 참정권, 남아공과 미국의 흑인 대통령 선출 등의 사례에서 보듯, 불신의 벽에 맞서서 불가능하다고 생각했지만 결국 가능했던 역사적 사건을 상기하며 현재 활동의 힘을 얻도록 한다.

이 과정에서 우리 앞을 가로막는 훼방꾼과 장애물을 걷어 내는 돌파의 힘과 창의적인 활동이 필요하다. 이러한 '전환운동'은 주위에 지지 세력을 구축하는 것이 대단히 중요하다. 그리고 개인적으로 또는 문화적으로 지지를 모으는 것도 중요하지만 선조들과 유정·무정의 동식물, 자연의 지지도 중요하다고 강조하는 점이 특별하다. 불교의 가피(加被)는 위기 시대에 소중한 깨우침이며, 조상을 모시는 전통과 자연물을 숭배하고 받드는 동양의 문화 의례는 생명의 시대에 중요한 인류의 자산이라고 강조한다. 그래서 '활력을 유지하기' 위해 열정을 소중

한 재생 자원으로 인식하고, 마음속 깊이 즐거움을 느끼고 좋은 삶, 성공의 삶을 새롭게 규정하며 음미하는 것이 중요하다고 역설한다.

대전환을 위해서는 앞서 언급했듯이 이기심과 아상(我相)에 근거하여 피부 속에 갇힌 '고립적 자아'에서 확장하여 '관계적 자아'로, 나아가 '생태적 자아'로 확장되어야 한다. 궁극에는 모든 자연과 과거세·현세·미래세 3세 중생들의 고통에 동참하며 그들의 고통을 벗어나려는 원력을 갖는 '보살적 자아'로 확장되어야 한다. 이러한 위기 상황에서 보리심(菩提心)을 갖고 희망을 놓치지 않는 실천을 통하여 문명의 대전환은 가능하며 그 무기는 '지혜'와 '자비'라고 말한다.

조애나 메이시의 모든 글과 주장에는 불교적 사고와 사상이 토대가 되어 있다. 실제로 그녀는 티베트 불교를 공부했다. 또한 개인적 깨달음에서 시작하여 가족·마을·지역·국가의 깨달음으로 확장되는, 불교 사상을 기반으로 한 세계적 마을개발운동으로 A. T. 아리야라트네 박사가 주도한 스리랑카의 사르보다야 슈라마다나(Sarvodaya Shramadana)운동에 깊은 영감을 받았고, 태국의 불교사회운동가인 술락 시바락샤와 깊은 사상적·실천적 교류를 해왔다. 더욱이 "불교와 일반 시스템 이론"을 통해,

자연계가 음과 양의 피드백을 통한 자기조절 기제를 갖고 있으며, 원인과 결과가 상호 영향을 준다는 상호인과율에 대한 시스템 이론을 소개한다. 그녀는 단순한 사상가나 이론가를 넘어서 노구에도 불구하고 반핵운동과 평화운동, 환경운동 등의 실천에 참여해 온 실천가이다. 그래서 그녀의 불교는 단순히 훈고학적 해석이나 강단의 사상이 아니라 현장의 사상이며, 수많은 사람들의 고통을 해결해 주는 실천불교이다. 또한 그녀는 인류의 위기와 미래 세대의 고통을 희망으로 전환해 주는 가르침으로써 대안적 실천을 해 온 활동가이기도 하다.

온생명회의, 모든 생명의 고통에 동참한다

재연결 작업에서 흥미로운 프로그램 중 하나가 바로 '온생명회의(Council of All Things)'이다. 참가자들이 명상을 통해 개별 생명들을 불러내고 그 생명에게 각자 선택을 받는 의식을 진행한다. 예를 들어 자신이 늑대, 개구리, 기러기, 사슴벌레, 산, 강, 나무 중 하나로 선택된다. 이후 선택된 존재의 가면을 만들어 쓰고 그들 자신이 되어 그들이 겪었던 아픔을 대신 느끼며 그 고통을 대변한다. 이어 인간을 불러내서 인간들이 그들에게 행했던 무자비한 착취와 폭력을 고발한다. 한편 파괴한 것도 인간이지만 회복시키는 것도 인간이기에 이들 인간에게 축복하고 자신의 지혜를 전해 주면서 생명의 고통을 해결하는 실천과 행동을 당부하고 지원한다.

또한 생명을 연결하는 것뿐 아니라 사고실험을 통해 과거 세대와 미래 세대를 연결 짓는 체험으로 '딥 타임(Deep Time) 작업'도 소개한다. 오랜 역사 속에 우리가 얻은 능력은 동물들의 진화 과정에서, 조상으로부터 받은 선물인 것이다. 그래서 그들로부터 받은 능력을, 미래의 새로운 희망을 만들어 나가는 도구로 활용하는 것이다. 우리의 시간관념은 장기적인 것보다 단기적인 안목에 한정되곤 한다. 그러다 보니 긴 안목으로 재앙을 보지 못하고, 좁은 시아의 이익에 급급하여 결국 현재의 문제를 미래로 미루고 떠넘겨 버린다. 그래서 이러한 체험을 통해 시간적으로 확장된 연관성을 체험하도록 요구한다. 이때 절대로 속도에 연연하여 서두르지 말라고 한다. 또한 결과에 매이지 말고 긴 호흡으로 실행하라고 한다.

그래서 인디언의 전통처럼 우리의 결정과 행동은 앞으로 7세대(200년) 이후의 관점에서 옳은 일인지 돌아보며 결정하라고 말한다. 딥 타임이라는 시간적 연결의 체험은 자신의 나이가

30세나 60세가 아니라 지구와 함께 시작된 46억세임을 깨닫게 한다. 또한 이러한 변화를 이끌어 가는 힘은 위계적이고 물리적인 '지배적 파워'가 아니라 집단적 의식이 모여 손에 손을 잡고 옆으로 연결하며 작은 변화를 이끌어 내는 집단지성의 '동반형 파워'임을 인식하도록 한다.

생명살림의 〈거대한 전환〉을 위한 세 가지 행동

조애나 메이시는 이 거대한 문명적 전환을 위해 '생명세계 저항행동', '생명사회 대안행동', '의식과 가치관 전환행동' 세 가지 행동을 소개했다. 세계가 더 나빠지는 것을 막고 지연하기 위한 '생명세계 저항행동'과 대안사회를 위한 '생명사회 대안행동'을 통해 궁극에는 세 번째 개인의 '의식과 가치관 전환행동'로 귀결된다고 생각한다. 다시 말해 외부 세계의 변화는 곧 내면의 변화로 완결된다는 인식이다. 두 번째로는 세 가지 행동이 각각 분담된 활동이지만, '대전환'이라는 통합적인 관점에서 진행되어야 한다는 점이다. 저항과 감시에만 매몰되어서는 안되며 그것이 대전환의 일부임을 자각하는 것이고, 한편 대안사회 운동 또한 저항과 감시운동을 소중하게 생각하되 궁극에는 인식과 깨달음을 증득하는 것을 소중하게 인지해야 한다.

운동적으로 좀 더 설명하자면 첫 번째는 더 나빠지지 않도록 지연시키며, 감시하고 저항하는 '생명세계 저항행동'이다. 무분별한 4대강 개발, 설악산과 지리산에 케이블카나 산악열차의 건설, 특정한 정치 이익을 위한 공항 건설을 반대하는 행동이다. 또한 40년간의 전력 공급을 위해 10만 년 이상 미래 세대에게 방사능의 고통을 주는 원자력발전을 중단하게 하며, 화석연료 의존을 줄이고 태양광이나 풍력 등의 재생에너지 사회를 만들기 위해 노력한다. 산림 벌채를 반대하고 여성의 권리와 약탈적인 금융자본을 반대하는 캠페인을 조직하고 강연회나 교육 활동을 전개하며 실태를 알리는 활동 등이다. 대체로 반대(NO)를 조직하는 네거티브 운동(Negative Movement)이라고 할 수 있을 것이다.

두 번째는 일상의 토대를 바꾸는 '생명사회 대안 행동'이다. 평등과 호혜를 기반으로 정의를 바로 세우고, 균형을 만드는 대안사회운동이다. 공유재를 보호하고, 지역사회의 권리, 자연의 권리, 미래 세대의 권리를 공인하고, 사전예방원칙 수립, GNP를 해체하여 대안적인 지표로 바꾸는 운동 등이다. 생태공동체운동, 공유사회운동, 농적 문화를 근간으로 하는 마을공동체운동, 쓰레기 제로운동, 지역통화, 기본소득운동, 직접민주주의 등의 생명 중심의 사회문화를 만들어 가는 모든 대안적 활동들이다. 대안(YES)를 창조하고 조직하는 포지티브 운동(Positive Movement)이라고 할 수 있을 것이다.

세 번째는 '의식과 가치관 전환행동'이다. 정신적인 깨달음, 의식과 가치관의 전환운동이다. 자신이 세상과 따로 떨어진 존재가 아니며 서로 연결되어 있고, 시간적으로 조상들과 미래 세대가 연결되어 있음을 깨닫고 행동하는 것이다. 소유를 통한 행복이나, 물질과 권력의 상승을 성공이라고 생각하지 않고, 경쟁이라는 낡은 개념을 뛰어넘어, 이웃의 행복이 나의 행복이며 자연의 풍요가 자신의 풍요임을 깨달아 협동하고 배려하고 섬기는 삶이다. 나아가 살아 숨 쉬는 지구와 생명의 상호 일체감을 느끼는 정신 활동인 것이다. 일종의 깨달음, 영성(spirituality)적 전환운동이라고 할 수 있다.

이렇게 사회 변화(사회운동)와 자기 변화(수행)를 동시에 실천하며, 자연과 생물의 권리, 미래 세대 권리 등 지속 가능한 미래를 위해 우리가 지녀야 할 가치와 태도를 깨닫는 것이다. 궁극에는 연결된 사회 속에서 타인의 행복과 자연의 풍요가 곧 자신의 행복임을 깨닫고 그들의 행복을 위해 노력하는 각성운동이다.

불확실성이 우리의 희망이다

전환사회운동(개벽운동)은 과거 한 국가 단위의 혁명이나 한 종교의 개혁 수준을 뛰어넘는 광범위하고 지난한, 전 지구적 차원의 변혁 운동이다. 이제껏 인류의 역사 속에서 이 정도 규모의 전환을 요구받은 적이 없었다. 변화의 규모가 너무도 거대해서 한 개인, 한 단체의 의지로는 불가능하고 심지어 한 국가와 권력이 강력한 결의로 추동을 한다 해도 전 지구적 규모의 변화가 가능할지 확실하지 않아 보인다. 이러한 불확실성이 우리를 더욱 불안하게 하고 무력감을 느끼게 하며, 거대한 벽으로 작용하여 넘어설 시도조차 포기하게 만든다.

그러나 의사가 환자들에게 '당신의 병이 곧 나을 것이다'라고 확신 있게 말하면 환자 스스로 습관을 바꿔 나아지려 하기보다, 변화를 위한 노력은 게을러지고 오히려 현 상태에서 안주할 위험도 있다. 반면에 '희망이 없다'고 말하면, 무엇을 해도 안 될 것이라는 체념과 무력감으로 병은 더욱 악화되는 하방소용돌이(downward spiral)가 되어, 대안이 없다는 믿음 때문에 더욱 악화된다고 한다.

결국 희망적이든 절망적이든 "미래가 결정되어 있다고 생각하면" 현실안주의 낙관론이나 체념적 비관론에 포섭되어 최선의 대응 방안을 만들려 노력하지 않고 어떠한 노력도 필요 없다는 무력감에 빠지게 되기 때문이다.

그래서 미래가 결정되어 있지 않은 이 불확실한 상황이야말로 최상의 축복이라고 할 수 있다. 현재 우리의 노력에 의해서 미래가 결정된다는 것이 명확하기 때문에, 행위 주체로서 의지를 갖고 더욱 강력히 노력할 이유가 있게 된다. 그래서 〈불확실성이 희망〉이라는 사실을 깨닫고 현재의 나의 작은 행동과 집단의 실천이 미래를 변화시킨다는 확신을 갖는 것이 필요하다.

슬픔을 넘어서는 '감사', 희망을 만드는 〈공동체〉의 힘

슬픔을 넘어선 전환의 힘 〈감사〉, 〈은혜〉의 깨달음

서로 연관된 관계속에서 이웃들과 뭇 생명들이 잘 존재하는 것이 바로 내가 잘 존재하는 바탕이 된다. 바람과 구름, 비와 풀벌레들의 '천지자연의 은혜'와 이들 생명 '덕분에' 내가 살고 있음에 '감사'하고 그 '고마움'을 깨닫는 것이 전환의 동력이 된다. 과거 한때 분노와 적대감, 지사적 비장함이 사회운동의 동력이 되었던 적이 있었다. 그러나 남다른 결단의 비장함이 일시적 돌파력을 발휘할 수 있을지 모르지만 긴 시간 동안 스스로를 지속할 동력이 되기는 어렵다. 오래 가려면 즐겁고 기쁜 마음, 고맙고 감사한 마음이어야 한다.

또한 서로 연결되어 있는 세계, 자타가 일체임을 증득한 깨달음의 자리에서는 '누구를 위하여(for)'라는 생각은 사라져야 한다. '위한다'는 생각은 스스로 남다른 결심을 한 특별한 존재라는 생각의 상(相)이 되어 은연중 보상을 기대하는 마음으로 연결되고, 긴 시간 자신과 남을 괴롭히는 경우가 많기 때문이다. 물론 사회운동 과정에서 때때로 지사적 결단은 중요하고 존중받아야 한다. 그러나 소수에게만 가능한 것이 아니라 다수의 사람들이 따라 할 수 있는 삶과 실천이 더욱 필요하다. 남을 위하는 일이 곧 자신을 위한 것임을 깨닫고 가난한 삶과 불편한 삶이라 할지라도 즐겁고 감사한 마음으로 활동해야 한다. 그래야 다른 사람이 따라서 하게 될 것이기 때문이다.

그래서 우울과 슬픔을 넘어서는 방법은 자신과 주변, 생명과 환경의 감사를 찾아보고 그 감사의 감각을 예민하게 발달시키는 것이 중요하다. 집단 심리 상담에서는 스스로에게 감사할 것, 가족과 주변에 감사할 것, 지역과 자연환경에 감사하는 것을 각각 100가지씩 찾아 써 보게 하면서 감사를 발견하게 하는 힐링 프로그램이 있다. 이렇게 발견한 감사는 스스로에 대한 자긍심과 주변에서 새로운 긍정적 가능성과 희망을 새롭게 발굴하는 동력이 된다.

공동체, 슬픔과 고통을 이기는 희망

돈에 의지하지 않고 살 수 있는 유일한 방법은 사람에 의지하는 것이다. 가난하고 고통받는 사람들에게는 자신과 같은 사람들끼리의 우애와 협동, 협력과 돌봄만이 해법이 된다. 공동체는 결합의 수준과 방법에 따라 큰 차이가 있다. 개개인들에게 따뜻함과 즐거움, 위로와 격려가 되는 가벼운 모임이 있다면 그것도 소중한 공동체이다. 가족이 기본 공동체 단위가 될 것이고, 지역의 운동모임, 음악 연주모임, 교회·성당·사찰 등의 종교 모임, 책 읽기 모임, 여행 모임, 공동육아공동체 등 수많은 모임 속에서 서로 애정 있는 격려와 위로를 통해 정서적인 안정감을 찾고 희망과 활력의 동력을 얻을 수 있다.

자기 주변에 이러한 소모임 공동체가 많은 사람일수록 외로움과 고통을 겪을 확률이 적다. 함께 만나 삶의 고뇌를 해소하고 위로받으며 극복할 수 있다. 그러나 주변에 이런 공동체가 없거나 적은 사람은 어려움을 오롯이 스스로 헤쳐 나가야 하기 때문에 삶이 더욱 외롭고 우울할 수 있다. 우울하고 힘들수록 사람을 만나야 한다. 사람만이 의지이고 희망이 되기 때문이다.

공통의 뜻과 의지를 갖고 있는 사람들끼리 다양한 형태의 마을 공동체나 지역공동체를 만들어 활동할 수 있다. 지역 주민들이 주도하여 지속 가능한 삶을 만들어 가는 대안적 마을인 전환도시(Transition Town) 운동이나, 마을을 생태적으로 바꾸면서 함께 협동하는 생태마을(Eco-Village) 공동체, 뜻이 맞는 사람들끼리 개별적인 주거 공간을 갖되 공통의 주방·식당·세탁실 등을 공유하면서 함께 거주하는 코하우징(Co-housing) 공동체와 지역의 생산협동조합 활동이나, 공동생산·공동분배의 결합력이 높은 공동체운동도 위기 시대의 대안운동으로 주목받고 있다.

독일의 녹색당 이론가였던 루돌프 바로(Rudolf Bahro)는 산업사회에 포섭되어 있지 않은 수많은 섬(공동체)을 만들고 삶을 통해 대안성이 확인되어 탄력을 받게 되면서 전환의 설득력을 갖게 될 것이라고 강조했다. 근본적인 사회적 전환을 위해 사회생태주의자인 머레이 북친(Murray Bookchin)이 강조한 것도 바로 공동체운동이다.

대안사회운동의 전략은 '틈새전략'이다. 자본주의 산업사회에 온통 포섭되있는 것처럼 보이지만, 아직도 포섭되지 않은 비자본주의적 공동체적 틈새 영역이 있다. 전환사회운동은 산업사회 내에서 그것에 저항하고 반대하고 변화시키는 활동도 있지만, 탈성장 대안의 틈새를 발견하여 그것을 확대시켜, 변방의 움직임이 중심이 되도록 주류화하는 것이다. 그래서 수많은 대안적 '점'들을 만들고 이것을 이어서 '선'으로 연결하고 다시 이들을 '면'으로, 입체적 네트워크로 발전시키고 여기에 '시간'이 장착되면 급속도의 '차원 변화'가 발생한다.

과정 중심의 실천과 우공이산 전략

이러한 활동은 '결과와 목표'를 중심으로 한 실천이 아니라 '과정과 관계'를 중심으로 한 활동이다. 짧은 결과와 목표에 집착하게 될 경우, 희망과 보람을 느끼지만 한편으로 쉽게 좌절과 낙담도 발생하게 된다. 세대를 넘어서는 긴 과정을 소중히 여기고, 사람들끼리 손을 잡고 협력 관계를 통해 '동반형 파워'를 만들어 낸다. 한 사람의 사소한 행동과 실천이라도 그것이 작은 변화의 원인 행동으로 축적시켜 사회와 역사에 작은 파장을 만들어 낸다는 '우공이산 전략'이다. 불교의 수행문인 보왕삼매론에 "일을 꾀하되 쉽게 되기를 바라지 말라 일이 쉽게 되면 뜻을 경솔한 데 두게 되나니, 성인이 이르시되 여러 겁을 겪어서 일을 성취하라."는 가르침도 잊지 말자

문명 전환 실천은 불편함과 어려움을 즐기되, 고마움과 은혜에 감사하는 마음을 놓치지 않는 것, 그리고 긴 과정과 관계의 힘을 소중히 엮어가는 것이 전환의 장구한 시간을 견디는 핵심임을 새삼 깨닫는 것이다. 그래서 전환사회를 위해서는 마음공부, 영성적 수행이 대단히 중요하다. 수행은 좌선과 명상만이 아니라 이 행동 과정에서 일어나는 자신의 마음을 돌아보고, 조급함과 집착에서 비롯된 고통과 물러서려는 심리를 내려놓는 마음공부를 함께하는 것이 필요하다.

위가 아니라 옆으로 성공하는 삶과 다시개벽

탈성장 시대, '성장사회가 아니라 성숙사회'에서 의미 있는 삶이란 '위로 성공하는 것이 아니라 옆으로 성공하는 것'이다. 사실 성공에도 집착해서는 안 될 것이다. 생각을 같이 하는 사람

들끼리 서로 옆으로 손을 잡고 연대하면서 거대한 사회의 '중심을 이동'시키는 것이다. 대안적인 전환의 삶은 즐겁고 행복해야 한다. 그래야 주변 사람들에게 희망이 되고, 그 삶이 모두의 희망이 되어 함께할 수 있게 된다. 사람은 그의 행동과 삶을 믿는 것이지 그의 말을 믿는 것이 아니다. 결국 삶으로 살아 내는 것이 중요하다.

이러한 전환은 개선, 개혁을 넘어서고 변혁이나 혁명을 넘어선다. 그래서 이 대전환운동은 '개벽'이다. 영어로 Creation(창조)으로 표현되어 있다. 그런데 우리는 '다시 개벽'이다. 'Recreation'이다. '재창조'라고 번역하지만 레크리에이션은 보통 오락과 놀이를 뜻한다. 전환운동은 위기 상황에 긴급하게 대응하되 즐겁고 재미있게 할 일이다.

생태 슬픔

2부

생태슬픔 이겨 내기

생태적 애도와 치유

생태슬픔을 회복하고 치유하기
위한 생태적 애도

이나경

석탄을 태우기 위해 발가벗겨지는 애팔래치아 산맥이나 불타는 아마존을 보며 눈물 흘리는 당신을 부끄러워하지 말아라. 지금 당신이 느끼는 커다란 상실, 슬픔, 분노는 인간성과 진화적 성숙함의 척도이다. 우리의 마음이 부서지고 열리는 만큼 세상이 치유될 수 있을 것이다. - 조애나 메이시

생태슬픔과 불안에는 다른 종(種)들, 예로부터 이어 온 선조들의 유산, 미래 세대들, 살아 숨 쉬는 지구에서 벌어지는 일들의 걱정과 우려도 담겨 있다. 시간과 공간에 얽혀 있는 슬픔과 사랑이 맞닿아 지금 우리의 마음을 통해 전해 오는 고통스럽고 아픈 울림이 생명으로의 전환을 일깨운다. 내 안의 슬픔과 불안의 어려움을 이겨내는 길이 있다면 아이러니하게도 그것을 직면하는 것이다. 세상의 고통을 존중하며 지구의 아픔에 내가 함께할 수 있도록 기꺼이 허락하고 참여하는 것이다. 회피하고 모른 척하지 않고, 슬픔에 압도되고 불안과 죄책감에 갇히지 않도

록 건강하게 슬픔을 마주하기 위해서는 생태적 애도(ecological mourning)가 필요하다. 생태슬픔이라는 마음의 울음 안에 깊이 흐르고 있는 것은 연민과 사랑의 마음이다. 이것을 알아차리는 것이 생태슬픔의 새로운 의미를 발견해 가는 여정이 될 것이다.

애도와 치유라는 말로 시작되어서 무겁게 느껴질 수도 있다. 그러나 치유는 심리적 치료로서가 아니라 온전한 존재로 돌아가기 위한 회복의 여정을 의미한다.[1] 애도는 단순히 죽음이나 상실을 슬퍼하는 것이 아니다. 관계를 맺어 온 의미 있는 대상의 상실에서 오는 다양한 감정을 외부로 표현하는 기회이다. 애도는 슬퍼하는 것 이상을 담고 있다. 슬픔이 상실에 대한 반응이라면 애도는 슬픔을 받아들이고 대처하는 행동이다. 삶의 변화에 따른 의미를 재구성하는 응답의 차원이다. 이런 맥락에서 생태적 애도는 상실된 주체의 새로운 의미를 찾고 통합하는 과정 안에서 자기 자신, 주변 세계, 삶의 자리와 관계 맺고 존재하는 방식도 변화시킬 수 있도록 도와줄 수 있다. 존재가 사라

---

1 치유를 뜻하는 영어표현 heal은 고대영어 'hale'에서 왔는데 health(건강)나 holy(거룩한), whole(온전한)과도 어원이 같다. 그런 의미에서 치유는 온전함을 회복한다는 의미를 포함한다.

진 현실과 대면하고 이를 애도함은 통과의례로서 과거의 파괴와 현재의 상실을 직면하고 미래로 나아갈 수 있도록 끊어진 시간을 다시 연결해 준다. 기후위기 앞에서 가해자이자 피해자인 이중적이고 모순적 입장을 갖는 인간이 우리 자신, 공동체, 그리고 자연(지구, 세상)과의 관계를 회복하고 화해할 수 있는 공간을 마련하는 것이다. 우리는 지구를 파괴하기도 했지만 회복할 힘 역시 가지고 있다는 것을 기억해야 한다. 애도 작업은 다시 찾을 수 없는 것과 잃어버린 것들에 대한 슬픔을 받아들이고 상실한 대상을 우리 마음 안에서 떠나보낼 수 있게 도와줄 것이다. 생태적 애도는 우리 자신을 지구의 고통에 통합하고 생태적 정체성을 확장시키는 전체론적(holistic)이고 존재론적인 응답이 될 수 있다.

여전히 생태적 애도가 무엇인지 추상적이고 모호하게 느껴질 수 있다. 생태적 애도라는 용어를 여기서 처음 사용하는 것이기에 당연하다. 생태적 애도를 어떻게 소개할 수 있을까 고민하던 중에 크리스 조던이 감독한 『다큐 알바트로스』를 보고 이거다 싶었다.

크리스 조던은 2008년 새롭게 대두된 해양 플라스틱의 오염에 관해 연구하며 북태평양 한가운데 있는 산호섬 미드웨이에서의 비극에 대해 알게 되었다. 크리스는 플라스틱이 배에 가득찬 채 죽은 새의 사진을 언론에 알려 큰 충격을 주었다. 그는 8년 동안 섬을 드나들며 알바트로스의 삶과 일상을 생생하게 담아 냈다. 암수 알바트로스의 고고한 짝짓기춤, 알에서 깨어나는 아기 새, 부모 새가 지극정성으로 새끼를 돌보는 모습이 아름답게 담겨 있다. 감독의 느리고 정성 어린 시선을 따라가다 보면, 어느새 긴 해설 없이도 알바트로스의 삶의 가운데 있게 된다. 거기서 멈추었으면 좋았으련만 이 시대를 사는 우리가 직면해야 하는 참혹한 현실이 펼쳐진다. 부모 새의 살뜰한 돌봄의 손길을 벗어나 드디어 첫 비행이 이루어지던 때였다. 먼 거리를 가야 하는 알바트로스들은 속을 비워 몸을 가볍게 하기 위해 소화하지 못한 먹이를 토해 내야 한다. 이는 가야 할 곳으로 비상하기 위한 알바트로스들의 경건한 의식같이 느껴졌다. 정상적인 먹이를 먹은 새들은 힘든 의식을 치르고 하늘로 날아갔지만, 고통 속에서 몸부림치며 죽어 가는 새들도 있었다. 어미 새가 바다에서 가져온 날카롭고 해로운 플라스틱 쓰레기들을 먹은 새들이다. 어미 새는 미처 알지 못했다. 새끼를 죽게 한 것이 어미가 가져다준 인간의 탐욕과 대량 소비 문화의 상징인 플라스틱 때문이라는 것을…. 죽은 알바트로스 새끼를 쓰다듬으며 크리스 조던이 눈물을 흘렸다. 멈춘 듯 느리게 흐르는 영상 속에 그가 알바트로스를 바라보며 느낀 사랑과 슬픔이 고스란히 내게도 공명되었다.

이 경험을 통해 애도의 본질이 드러났다. 애도는 슬픔이나 절망과는 다르다. 그것은 사랑의 감정과 같다. 애도는 사랑의 감정을 경험하는 것이다.
우리가 잃어버리고 있는 것 혹은 이미 잃어버린 것에 대한 애도에 마음의 자리를 내어준다면(surrender) 이는 우리를 사랑의 가장 깊은 곳까지 데려다줄 것이다.
알바트로스를 사랑하게 될 것이라고 나조차도 알지 못했다.
- 크리스 조던, 다큐 〈알바트로스〉 중에서

영화의 막바지에 알바트로스와 사랑에 빠지게 될 줄 몰랐다는 크리스의 고백은 뜻밖이었다. 가장 고통스럽고 비극적인 미드웨이섬에서 그가 발견한 것은 사랑이었다. 이 영화의 부제가 "태평양 한가운데서 보내온 우리 시대 사랑의 이야기(a love story for our time from the heart of the Pacific)"인 이유이다. 크리스와 알바트로스의 존재적 만남은 생태슬픔과 불안을 마주하는 우리에게 가장 필요한 것이 무엇인지 이야기해 준다. 슬픔과 절망을 솔직하게 인정하고 충분히 슬퍼하고, 그 안에 담긴 아름다움과 사랑을 다시 발견하는 것이다. 우리가 크리스처럼 슬픔 너머의 사랑을 다시 경험할 수 있다면, 더 깊어진 생명과의 연결은 지구의 아픔을 감싸 안는 치유의 여정으로 이끌어 줄 것이다.

생태적 애도의 이야기들

생태적 애도는 어떻게 할 수 있을까? 특별한 방식이 요구되지는 않는다. 이미 우리 삶 속에서 알고 있는 다양한 애도의 표현을 활용할 수도 있다. 실컷 우는 것, 이야기를 나누는 것, 글을 쓰거나 그림을 그리고 춤을 출 수도 있다. 크리스 조던처럼 영화를 찍는 등 영상으로 만들 수 있고, 문화, 종교, 관습에 영향을 받기도 하고, 전례나 의식으로도 드러낼 수 있다. 혼자 할 수도 있고 또는 여럿이, 공동체(집단)와 함께할 수도 있다. 그저 각자가 다양한 방식과 고유한 속도로 자신의(서로의) 슬픔을 경험하고 나누면 된다. 그 안에서 한 가지 꼭 기억해야 할 것이 있다면, 마주할 마음들이 무척 연약하기에 세심하게 다루고 소중히 만나야 한다는 것이다. 또한 솔직하게 나누고 마음 깊이 들을 수 있도록 안전하고 편안한 시간과 공간이 마련되어야 한다. 함께하는 사람들이 있다면 존중의 마음을 담은 공동의 약속[2]을 하는 것도 좋다. 여전히 생태적 애도가 멀게 느껴지는 분들을 위해 영감을 줄 수 있는 나의 경험과 외국의 사례를 소개하고자 한다. 우리 각자는 모두 고유한 여정을 걷고 있기에 서로의 방식을 존중했으면 한다. 창조적이고 다양한 방식으로 나에게(우리에게) 맞는 생태적 애도가 열려 있다.

호주 산불의 애도: 공동체와의 안전한 나눔 자리

2020년 2월 말 즈음, 드디어 호주의 산불이 진화되고 얼마 되지 않았을 때다. 학교 친구로부터 재연결 작업(The work of reconnect)[3]을 기반으로 한 생태적 애도 모임이 있다는 것을 들

---

2 비밀유지, 서로를 존중, 자기돌봄 잊지않기 등 신뢰할 수 있고 안전한 공간을 만들기 위한 목적으로 구성원간의 협의를 통해 다양한 약속이 가능하다.

3 재연결작업: 생태철학자이자 환경운동가인 조애나 메이시가 생태위기 시대에 치유와 전환을 위해 만든 워크숍으로 보통 고마움으로 시작하기 (coming from gratitude), 세상에 대한 고통 존중하기(honoring our pain for the world), 새로운 눈으로 보기(seeing with new eyes), 앞으로 나아

었다. 듣자마자 참여하고 싶은 마음이 들었지만 이내 주저했다. 애도 작업을 해 본 경험이 없어 낯설었다. 내 마음을 직면하는 것도 두려웠다. 그렇게 며칠을 망설이다 더는 도망칠 곳이 없다는 것을 인정해야 했다. 수년간 알아주지 못해 뒤엉킨 불편한 마음이 이번 산불로 드러났기 때문이었다. 한편 그 슬픔이 오랜 시간 동안 내 삶의 가장자리에서 오늘을 기다리고 있었는지도 모른다는 생각이 들었다. 떨리는 마음을 붙잡고 용기를 내서 모임에 가 보기로 했다.

숲속에 자리 잡은 통나무집에 각지에서 온 일곱 사람이 모였다. 어색함도 잠시 소소한 삶의 이야기로 마음이 조금씩 열렸다. 애도 모임은 사흘간의 일정으로 진행되었다. 첫날엔 가장 먼저 마음을 열 수 있도록 안전한 자리를 만들기 위한 공동의 약속이 이루어졌다. 그리고 우리가 지금 여기에 숨 쉬고 있기까지 지탱해 준 고맙고 소중한 것들을 떠올리며 함께할 공동체와 슬픔이 잘 흘러갈 수 있도록 사랑의 둑(bank)을 쌓았다. 모임

가기(going forth)의 네 가지 단계가 나선형으로 이루어진다. 본서에 수록된 유정길 〈지구적 슬픔을 넘어서는 재연결작업과 대전환의 희망 만들기〉에서 자세히 다루고 있으니 참조 바람.

을 이끈 퍼실리테이터인 소피가 둑을 쌓는다는 표현을 했는데 후에야 무슨 의미인지 이해할 수 있었다. 둘째 날, 서로 다른 우리를 모이게 한 세상의 고통을 본격적으로 이야기하는 자리가 열렸다. 각자 자신에게 슬픔과 고통을 주는 것이 무엇인지 상징물을 가지고 이야기를 시작했다. 나는 호주의 산불을 기억하며 검게 그을린 타다 만 장작 조각을 가져가 말을 시작했다. 호주의 숲이 불타고, 검은 연기와 화마로 가득 찬 시뻘건 하늘, 불에 타 반쯤 그을린 코알라를 보았을 때의 슬픔과 그 불이 나게 된 원인 속에 나 역시 있다는 죄책감을 말하는데 눈물이 마구 쏟아졌다. 몇 년간 느낀 서로 다른 복잡하고 불편한 감정도 함께 올라왔다. 말하는 동안 가슴이 두근거리고, 머리가 욱신거리고, 호흡이 너무 느려져 숨이 멎을 것 같았다. 일어서서 이야기하다가 결국 힘이 빠져 자리에 주저앉았다. '내가 여기서 뭐 하고 있는 거지…?' 낯선 감정과 함께 부끄러움이 올라왔다. 많은 사람에게 나의 이런 감정에 대해서 말한 것이 처음이었다. 슬픔을 알아차리지 못한 이유도 있지만, 외부로 내 감정을 드러내는 것이 부끄러웠고, '이런 마음을 느끼는 내가 나약해 보이진 않을까? 유별나고 이상한 건 아닐까?' 여러 생각이 들었다. 그런데 걱정과 달리 나의 마음을 솔직하게 드러내어도 아무 일도 일어나지 않았다. 이내 눈물이 잦아들자, 그제야 내 이야기를 정성스레 들어주던 이들의 눈이 보였다. 이야기를 마치며 눈물을 닦아 내고 호주의 불에 탄 숲과 나의 슬픔을 담은 까맣게 탄 나뭇조각을 집어 들었다. 사람들 사이를 천천히 걸어 방 한구석의 벽난로 쪽으로 갔다. 이번엔 생명을 태우는 불이 아닌 차가운 겨울 공기를 데워 주는 신성한 불 속으로 나무를 보내 주었다. 불 속에서 나의 슬픔과 죄책감도 함께 타올라 사라져 갔다.

서로의 어깨에 기대어 실컷 울고 난 그날 저녁, 공동체가 다시 한자리에 모였다. 편안한 바닥에 누워 서로의 온기를 느꼈다. 애도 모임을 이끈 소피의 나지막한 노랫소리가 들려왔다. 몸과 마음에 남아 있던 긴장이 스르르 사라졌다. 날 것으로 드러난 연약한 마음을 다독이며 서로의 아픔을 보듬었다. 나와 결은 다르지만, 함께한 이들 각자의 이야기는 또한 나의 마음을 울렸다. 다른 듯 서로 닮은 우리의 이야기들이 하나의 눈물로 이어져 있다는 것은 잔잔한 위로가 되었다.

이런 나의 마음을 나눈 것이 처음이었는데, 한참을 주저했던 걱정이 무색했다. 나의 약점이라 생각했던 것을 드러냈음에도 괜찮아서 놀랐다. 오히려 수년간 나를 괴롭혀 온 죄책감[4]과 무거움에서 조금은 해방되는 자유로움을 느꼈다. 동시에 신기하게도 '내가 살아 있구나!' 하는 기쁨과 함께 설명할 수 없는 힘이 느껴졌다. 함께한 사람들이 서로의 고통을 보듬어 주고 함께 만든 둑(bank)으로 지탱해 준 덕분에 나의 슬픔이 흘러갈 수 있었다. 상실의 고통은 우리 스스로 고립시키고 과거의 그 순간에 갇히게 한다. 오히려 슬픔이 신호가 되어 마음을 열고 더 큰 세상을 만나게 해 주었다. 성찰의 시간을 선물해 주며 감정을 직면할 수 있는 또 다른 시간과 공간도 열어 주었다. 어쩌면 슬픔과 기쁨이 담긴 내 마음의 주머니는 하나인 것 같았다. 슬픔을 막으니 기쁨의 길도 막혔다. 갇혀 있던 슬픔이 다시 흐를 때 기쁨도 함께 흐를 수 있는 거 아닐까? 건강한 애도 작업은 흘러

---

4 죄책감은 기후위기 상황에서 많은 사람들이 경험하게 되는 감정이다. 적당한 죄책감은 행동을 촉구하기도 하지만, 과하게 되면 오히려 도움이 되지 않을 때가 종종 있다. 죄책감이 커지게 되면 이를 회피하고 외면하는 다양한 방어기제를 사용할 수 있기 때문이다. 자기효능감과 충돌해 다른 사람을 비난하거나 자신을 더 무기력해지게 만들기도 한다. 죄책감은 행동에 동기를 부여하는 감정이 아니기에 지속 가능한 행동을 위해서는 책임감으로 재구성하는 것이 필요하다. 비난이나 판단을 넘어선 나 자신과 타인에 대한 사랑이 책임 있는 행동으로 이어지게 할 수 있다.

가는 물에 비유할 수 있을 것 같다. 애도는 갇힌 시간을 보내 주고, 다시 현존하게 도와준다.

나는 가능하다면 생태슬픔은 다른 사람이나 공동체와 함께 나누는 것이 좋다고 생각한다. 개인사 안에서 경험되는 고유한 생태슬픔도 있겠지만, 하나의 지구별에 살고 동시대를 살아가는 우리의 마음을 어렵게 하는 생태슬픔은 대부분 개인만의 것이 아니기 때문이다. 지금 여기에서 살아가는 "나"만이 아닌 인류 집단 "우리" 모두에게 주는 특별한 초대이다. 다른 사람들과 이야기를 나눌 때, 세상 안에서 우리의 슬픔과 염려도 하나로 연결되어 있다는 것을 깨달을 수 있다. 서로 연결되는 만큼 진실을 마주할 공간도 넓어질 것이다. 압도되는 현실에 짓눌리지 않고 새로운 세상으로 나아갈 용기를 얻기 위해서 '우리가 이런 감정을 느낀다'고 같이 나눌 수 있는 안전한 자리가 꼭 필요하다.

생태적 애도: 사랑과 돌봄의 시간

생태적 애도 작업을 할 때 우선, 서로의(나의) 슬픔이 흘러갈 수 있도록 안전하고 편안한 시간과 공간을 만들어야 한다. 그동안 내가 경험한 감사, 사랑, 연결을 기억하고 되새기며 슬픔이 흘러갈 수 있는 든든한 둑을 쌓아 주는 것이 중요하다. 다음엔 각자에게 맞는 애도 의식을 해도 좋고, 솔직하게 나누고 마음으로 깊이 듣는 것만으로 충분하기도 하다(정해진 방법이 없다. 각자가 원하는 무엇이든 괜찮다). 그리고 애도를 마친 후에는 마음을 따뜻하게 다독여 주고 안아 주는 돌봄의 과정도 잊지 말자 5. 애도 의식도 중요하지만 전과 후의 과정이 꼭 필요하다. 만약 슬픔이 깊고 스스로 감당하기 어렵다면 전문가나 신뢰할 수 있는 사람에게 상황을 알리고 도움을 받는 것이 좋다. 당신 혼자 겪는 일이 아님을 꼭 기억하라!

| 감사 / 사랑 / 연결로 시작
building banks | 애도의식(슬픔 흘려보내기)
grief ceremony | 새롭게 보기(통합) / 돌봄
care / smoothing |

울진 금강송의 죽음 앞에서[6]

2020년 6월, 울진의 금강송이 하얗게 말라 죽어 가고 있는 모습을 보았다. 어린 시절, 울진 왕피리 깊은 산속에 고이 간직된

---

5 『생명으로 돌아가기』 모과나무, 2020에 제시된 재연결작업의 여러 방법과 안내들이 애도작업에 도움이 될 수 있다.
6 『가톨릭비타꼰』 6월호 Vol 128, 2022에 실린 저자의 글을 참고하였다.

자연 그대로의 모습을 보고 한눈에 반한 적이 있다. 거기서 멀지 않은 금강송 군락지에서 소나무들이 말라 가고 있었다.[7] 원인 규명을 위해 합동 조사가 이루어졌지만 다른 병도 발견되지 않았고 정확한 원인을 찾을 수 없었다. 연구팀은 가뭄과 겨울철 이상 고온 등 기후변화로 인해 발생한 스트레스로 고사했을 것으로 추정했다. 산등성이 중간중간 말라 버린 나무들을 보고 있자니 눈물이 흘렀다. 금강송을 죽게 만들고 있는 기후변화가 가속화되는 현실에도 화가 났다. 금강송은 주로 금강산의 백두대간 주변에서 자라 금강송이라 불리는데 잘 휘어지는 다른 소나무와는 달리 수십 미터 높이에서 줄기가 곧게 자라는 것이 특징이다. 그러기에 예부터 신성하고 귀하게 여겼고 목재는 궁궐이나 왕의 관을 만드는 데 사용했다. 전문가들은 금강소나무의 고사 현상이 토종 침엽수인 소나무 쇠퇴의 시작일 수 있다고 경고했다. 좀 더 민감한 삶의 자리를 가진 금강송의 죽음이 어쩌면 앞으로 다가올 수 있는 수많은 나무의 첫 죽음은 아닐까 하는

---

7 금강송 군락지는 2022년 3월에 발생한 거대한 산불의 한 가운데에 있었다. 기후위기로 인한 산불은 호주나 미국과 같은 다른 나라의 이야기가 아니다. 이미 우리의 산천에서 일어나고 있다.

우려에 마음이 답답했다. 소나무는 우리나라에서 가장 흔히 볼 수 있는 나무이지만, 내겐 어린 시절의 많은 추억이 깃든 소중한 나무이다. 소나무 아래로 소풍을 가서 친구들과 뛰어놀고 솔 방울은 재미난 장난감이 되었다. 귀한 나무들은 물론 나무와 함께한 소중한 기억들도 같이 사라질 것이란 불안감이 엄습한다.

금강송의 고사 소식을 들었을 때, 나는 해외에 있어 찾아갈 수도 없는 안타까움에 슬퍼하고만 있었다. 그러다 슬퍼만 할 게 아니라 어떻게 하면 죽어 가는 소나무들에게 내 마음을 전할 수 있을까 고민했다. 당시 내가 있던 영국의 시골에서는 소나무를 찾지 못했다. 그 대신 마을 한 자락에 있는 리치웰 가든에서 금강송처럼 곧게 뻗은 떡갈나무를 발견했다. 어느 날 해질녘 떡갈나무를 찾아갔다. 조금은 낯설기도 하고 어색하기도 했지만, 금강송을 대신하여 떡갈나무에게 한국에서 죽어 가고 있는 소나무의 이야기와 나의 슬프고 안타까운 마음을 털어놓았다. 떡갈나무를 통해 한국의 금강송에게 사랑과 희망이 전달되고 기후 재앙의 혹독한 시대를 살아가고 있는 나무들의 고통을 사람들도 알아들을 수 있기를 바라며 작은 생태적 애도를 했다. 그리고 나서 어린 시절의 추억을 담아 클로버의 꽃으로 만든 왕관을 떡갈나무에게 선물로 주었다. 나무와 함께 울고 나

작은 애도 의식을 해 보고 싶다면

하나. 지구와의 나눔(Earth Exchange)

금강송을 애도하며 영감을 받은 'Radical Joy for Hard times'를 소개한다. 이곳에서는 사람들이 파괴되고 상처받은 곳을 찾아가 작은 의식, 의례를 통해 본래의 아름다움을 회복하고자 하는 다양한 방식의 '지구와의 나눔(Earth Exchange)' 사례를 공유하고 있다. 작은 의식 속 간단한 행동이 당신에게도 얼마나 큰 변화를 가져올 수 있는지 발견해 보길 바란다.

〈지구와의 나눔(Earth Exchange)를 위한 5단계〉
① 혼자 또는 친구와 함께 파괴된(상처가 있는) 장소로 간다.
② 잠시 머무르며 그 장소가 당신에게 어떤 의미인지 머무른다.
③ 지금 있는 그대로의 장소에 대해 알아가도록 한다.
④ 당신이 발견한 것이 무엇인지 다른 이들과도 이야기를 나눈다.
⑤ 그곳을 위해 간단하지만 작고 아름다운 감사의 선물을 전달한다.
출처: Radical Joy for Hard times (https://radicaljoy.org/)

둘. 조약돌 애도

의식을 시작할 장소의 가운데에 물이 담긴 그릇을 놓고, 손바닥 안에 쏙 들어오는 작은 조약돌을 원하는 만큼 앞에 준비한다. 혼자서도 할 수 있지만 소그룹이 함께하는 것도 좋다.

〈애도 의식〉

① 원하는 방식으로 의식을 시작하고, 돌을 하나씩 집어 마음속에 품고 있는 슬픔을 소리 내어 이야기한다. 그 슬픔에 대해 다 말하고 난 후, 돌을 물그릇 속에 넣는다. 어떤 상실에 대한 아픔이든, 땅과 수많은 생명에게 가해지는 잔혹한 파괴든 수많은 이를 괴롭히는 폭력이든, 이 의식은 혼자 또는 그룹 구성원 각자가 원하는 대로 계속할 수 있다.

② 이야기를 마치면, 잠시 멈추고 천천히 슬픔을 담은 돌을 물속으로 떨어뜨린다. 나의 이야기 외에 소그룹에서 함께하고 있는 사람들의 슬픔에도 귀를 기울인다.

③ 모두가 슬픔을 충분히 나누고 그릇이 가득 차면 우리의 슬픔이 공유되었다는 것을 느껴 본다.

④ 마지막으로 물그릇을 들고 슬픔의 물을 밖으로 가져가 식물이나 땅에 뿌려 준다. 우리의 슬픔은 세상을 위한 자양분으로 바뀔 것이다. 그리고 가능하다면 흐르는 물(강, 바다 등)로 가서 물이 조약돌을 씻을 수 있도록 한다.

출처: 미국의 심리치료사 프란시스 웰러(Francis Weller)의 애도의식 소개 중

니 마음이 한결 나아지고 신기하게도 마치 내가 나무 공동체의
일원이 된 듯했다. 아니 나무들의 공동체에서 나를 받아들여
준 것 같았다. 그리고 설명할 순 없지만, 분명히 한국의 금강소
나무들에도 내 마음이 전달되었음을 알 수 있었다. 처음엔 금
강송을 위로하러 떡갈나무를 찾아갔지만 오히려 나무 공동체
가 나를 안아 주는 것과 같은 따스함에 큰 선물을 받은 것 같았
다. 금강송을 향한 나의 눈물은 곧 사랑의 고백이었다. 마음속,
소나무의 상실에 대한 슬픔, 분노와 속상함은 오랫동안 시간과
공간을 통해 내 삶의 한 자락과 직조되어 온 사랑의 추억이었
다. 집으로 돌아오던 길, 문득 이런 생각이 들었다. 어쩌면 내가
슬펐던 것이 아니라 금강소나무의 슬픔이 나를 찾아온 것은 아
니었을까?

금강송의 죽음은 기후위기로 위험에 처한 수많은 나무와 예
측할 수 없고 불확실한 미래를 함께 떠올리게 했다. 앞으로도
더 많은 생명이 사라지고 우리의 삶의 터전이 영향을 받을 수
있다는 불안과 두려움은 때로 현재의 슬픔보다 더 무서운 현실
이다. 금강송을 애도하면서 처음엔 나무 한 그루와의 만남이었
지만 후에는 나무 공동체 전체와의 연결로 이어짐을 느꼈다.
작은 의식이었지만 슬픔을 겪는 주체로서의 좁은 나를 벗어나

더 넓은 공동체의 일원으로서의 나 자신을 다시 만나는 특별한 경험이었다. 깊어진 연결감은 장소와 시간에 구애받지 않는 애도가 가능함도 깨닫게 해 주었다. 꼭 그곳이 아니어도 괜찮다. 당신의 진심만 있다면. 다른 종의 상실을 애도하는 일은 우리가 속한 삶 전체에 대한 참여 의식과 책임감의 표현이기도 하다. 이렇게 보자면, 슬픔과 애도를 단순히 사적인 것으로만 볼 수 없다. 모든 생명체를 서로 연결하고 더 큰 생태계 전체 안에서의 유대감에 대한 인식을 다시 불러일으킬 수 있는 회복적이고 영적인 실천의 일환이 될 수도 있다.

아이슬란드의 빙하 장례식

아이슬란드는 이름에서 정체성이 드러나듯 국가 표면의 약 11%가 빙하로 덮여 있는 얼음의 나라이다. 이곳에서 2019년 8월 특별한 장례식이 열렸다. 아이슬란드 서부에 있는 가장 큰 빙하 중의 하나인 '옥요쿨(Okjökull)—줄여서 'Ok빙하(오크빙하)'—가 녹아 사라진 것이다. BBC에 따르면 아이슬란드의 빙하 300개 중 56개가 이미 사라졌는데, 그중에 오크빙하는 가장 큰 규모였다. 아이슬란드에서는 매년 약 110억 톤의 빙하가 녹고 있다. 과학자들은 이 섬의 빙하가 2200년까지 모두 사라질 것이라 우려한다. 사실 오크 빙하는 2014년 아이슬란드의 빙하학자 오두르 시구르드손에 의해 이미 죽었다고 공식적으로 선언되었다. 당시에도 아이슬란드의 방송에서 빙하의 죽음에 대해 보도했지만, 많은 관심을 받지 못했다. 그 후 2018년 말, 텍사스 라이스 대학의 인류학자 사이먼 하우와 도미니크 보이어가 오크피(OK)빙하의 상실에 대한 〈Not OK(괜찮치 않아)〉[8]라는 다큐멘터리를 촬영했는데 이것이 새로운 계기가 되었다. 그때 오크 빙하의 죽음을 추모하기 위한 이 장례식도 기획되었다(McKay, 2019).

빙하 장례식에는 아이슬란드 총리와 전 유엔 인권위원 등 정치인과 현지 연구진, 저널리스트 그리고 어린이와 청소년들도 기후 관련 슬로건을 걸고 참석했다. 이 장례식은 기후위기로 세상에서 사라진 빙하에 대해 처음으로 열린 공식 행사였다. 자연과 친밀한 관계를 가졌던 원주민들은 그런 문화를 가지고 있었지만, 우리 시대에는 그 아름다움을 잊어버렸다. 장례식

---

8 옥요쿨 빙하를 줄여 Ok빙하라고 불렀는데 영어 오케이 'Okay'과 같은 의미를 담아 'Not Ok-괜찮지 않다'라는 이중적인 의미를 담았다.

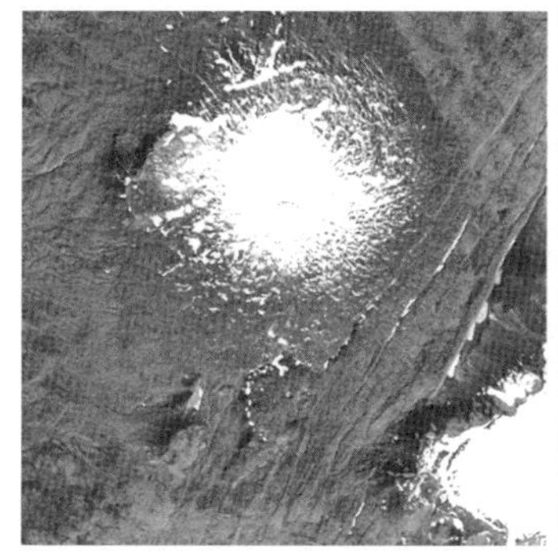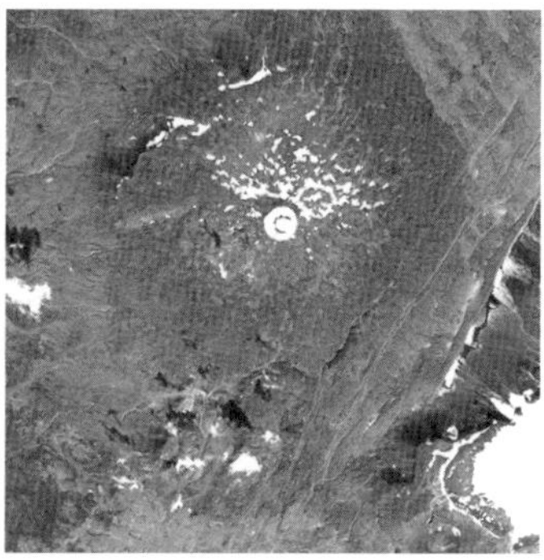

아이슬란드 빙하(1989년 9월, 사진 왼쪽)(2019년 8월, 사진 오른쪽)
출처: Nasa Earth Observatory/EPA

에서는 마지막 순서로 사라진 빙하를 추모하며 구리 명판을 세웠다. 아이슬란드를 찾아올 미래의 방문객들을 위해서였는데, 2019년 8월 현재의 전 세계 이산화탄소의 농도도 함께 새겨 넣었다. 빙하의 죽음과 오늘의 이산화탄소 농도가 무엇을 의미하는지 알려 주고자 함이다.

오크(OK) 빙하는 아이슬란드에서 빙하 지위를 잃은 최초의 빙하다. 앞으로 200년 간 우리의 모든 빙하가 같은 길을 따를 것으로 예상된다. 이 추도사는 무슨 일이 벌어지고 있으며 무엇을 해야 하는지를 우리가 알고 있음을 보여준다. 과연 우리가 행했는가는 미래에 이 글을 읽고 있을 당신만이 알고 있다.

2019년 9월 415ppm CO₂

출처: 시간과 물에 대하여, 2020, 안드리 스나이르 마그나손

오크 빙하의 장례식은 정치적 차원에서 공식적인 애도 기회를 제공했다는 면에서 큰 의미가 있다. 당시 빙하의 장례식을 취재한 안젤라 롤링스에 따르면, 추모식 이후 많은 긍정적인 변화가 있었다고 한다. 예상치 못한 국제적 관심에 아이슬란드 기상청은 기후변화와 아이슬란드 빙하에 대한 안내 책자를 만들었다. 빙하 변화의 중요성과 빙하의 상실이 얼마나 비참한지에 관한 질문이 쇄도했기 때문이다. 아이슬란드의 빙하와 기후위기에 대한 관심은 국제 언론인들이 그들 지역의 기후변화에 관한 기사를 쓰도록 자극했다. 또한 북유럽 총리들은 2019년 8월 아이슬란드에서 열린 연례 회의에서 기후변화를 의제 중의 하나로 채택했고, 2020년 미국의 오리건 빙하연구소에서는 클락 빙하, 스위스기후행동에서는 바소니노 빙하의 장례식이 개최되었다.

미국의 정신과 의사이자, 기후정신의학연합(Climate Psychiatry Alliance) 회원인 자넷 루이스(Janet Lewis)는 사람들이 기후변화와 관련된 정보를 다루기 위해서는, 자기 스스로 감정에 억눌

려 있다는 걸 느끼는 것이 중요하다고 말한다. 이런 애도의 계기를 통해 우리 자신을 더 큰 무언가의 일부로 이해하는 데 도움을 주어 어려운 감정을 잘 견디고 명확하게 생각하고 행동할 수 있도록 이끌 수 있다. 이처럼 애도는 애도하는 개인의 일일 뿐만 아니라 사회적, 문화적, 종교적 나아가 정치적 차원에서도 중대한 의미가 있는 상징적 행위이다. 애도가 감정적이고 정서적인 고통을 표현할 수 있는 공간을 제공하고 상실에는 상징적 질서를 부여하며 애도에 함께 참여하는 사람들에게 상호 간에 공유된 의미의 구축을 촉진하기 때문이다(Neimeyer, Prigerson and Davies, 2002). 빙하 장례식은 기후위기의 시대를 맞은 우리의 현실을 또 다른 차원에서 바라볼 수 있도록 비추어 주었다. 장례 의식을 통해 과학 정보나 숫자로만 만났던 빙하의 죽음이라는 현실을 직면하게 해 준 것이다. 장례식은 산 자가 죽은 자를 위해 행하는 의식이지만, 산 자가 산 자를 위해 행하는 의례이기도 하다. 빙하 장례식은 사라진 빙하뿐만 아니라 빙하가 사라지는 세상을 살아갈 우리를 위한 의식이었다. 사라진 빙하를 애도함은 남아 있는 빙하와 이 세상을 살아갈 현재의 우리 그리고 미래 세대를 위해 오늘의 산 자들이 해야 할 일이 무엇인지 알려 준다.

생태적 애도는 우리 자신이 더 인간다워지는 길이 되고 인간 종을 넘어 지구의 아픔을 감싸 안는 치유로 이어지게 도와줄 수 있다. 아픈 자의 울부짖음은 듣는 자의 아픔과 공명한다. 아픔이 타자의 공명을 불러일으킨다면, 아픔은 단지 사적인 체험이 아니라 공적(사회적) 관계임이 분명해진다. 사랑하는 누군가의 아픔은 그를 사랑하는 자에게 고통을 주고 반응을 불러일으키기 때문이다(박상헌, 2016). 슬픔에 매몰되거나 무력감과 죄책감에 갇히지 말고, 지구 공동체의 일원으로서 우리의 본래 위치를 찾았으면 한다. 생태슬픔은 대중적 이야기의 일부가 될 수 있다. 우리가 슬퍼하는 대상과 내용은 우리 자신이 누구인지와 여전히 지킬 수 있는 것(가치)들에 대해서 말해 주기 때문이다. 슬픔을 공유하며 이를 매개로 앞으로 함께 나아간다면 생태적 애도는 또한 '함께하는 행동(activism)'으로도 확장될 수 있다. 우리가 처한 위기에 맞서 공동체가 함께 나아가는 힘이 된다. 사회적, 문화적 그리고 정치적 맥락에서 슬픔의 의미 체계를 재해석하고 확장된 시선에서 구성할 필요가 있다. 진정한 생태적 애도는 수동적인 슬픔에 대한 반응(reaction)만이 아니라 사랑과 연민에 뿌리를 두고 삶을 지속적으로 돌보는 과정이자 적극적인 응답(response)이다.

기후행동으로서의 생태적 애도

생태슬픔과 불안은 개인마다 경험의 차이는 있으나 전 지구적 차원의 생태적 상실을 직면하는 과정에서 개인적으로뿐만 아니라 집단적(공동체적) 차원에서 누구나 경험할 수 있다. 슬픔은 겁내거나 부끄러워해야 할 대상이 아니다. 이야기하고 함께 뭉칠 수 있는 대상으로 본다면 여기에는 엄청난 힘이 있다. 공적 차원에서의 생태적 애도는 우리가 사랑하고 상실한 것을 함께 기리고, 떠나보내야 할 것들을 기꺼이 떠나보내 주는 가운데 생명과 자연에 대한 소중함을 일깨운다. 사람들의 책임과 행동을 촉구하기 위한 인간 존재의 차원을 넘어선 공존으로의 초대이다. 아픔이나 슬픔, 고통은 돌봄이 필요한 곳을 알려 주는 신호이다. 이는 더 나은 세상을 꿈꾸는 돌봄과 협력의 한 표현이될 수도 있다. 공동체의 공적 애도는 상실에 합당한 의미를 부여한다. 과거와 현실의 아픔을 인정하고 새로운 방식으로 미래를 상상할 수 있는, 꿈을 꾸는 힘을 마련한다.

생물종의 죽음이나 자연의 파괴와 같은 생태적 상실이 애도할 만한 대상인가에 대해서는 대중적 공감대가 필요할 수 있다. 그러나 현재 우리가 마주한 지구적 상실의 의미를 대중적

기후행동 벤 다이어그램 작성해 보기

기후위기를 해결하기 위해 특별히 내가 할 수 있는 일은 무엇인가에 대해 알아볼 수 있는 맞춤형 방식을 찾기 위한 벤 다이어그램이다. 나와 너의 견고한 슬픔의 연결과 함께 각자에게 의미 있는 기후행동 방법을 찾아보면 어떨까? 모두가 같은 것을 하지 않아도 괜찮다. 각자의 자리에서 변화를 이끌어 내는 전환점을 발견해 보자.

① 무엇이 당신에게 기쁨을 가져다주는가? 어쩌면 "만족감"이 더 나은 표현일 수도 있다. 아침에 무엇이 당신을 침대에서 일어나게 하는가? 당신에게 활력과 활기를 불어넣는 기후 활동을 찾아보자.

② 당신은 무엇을 잘하는가? 어떤 전문 분야를 가지고 있는가? 무엇을 기여할 수 있을까? 당신의 기술, 자원, 그리고 네트워크를 생각해 보고, 각자가 가진 장점들을 생각해 보자.

③ 어떤 노력이 필요할까? 특별히 집중하고 싶은 기후 및 사법 문제 해결책이 있는가? 반복되거나 확장될 수 있는 체계적인 변화와 노력에 대해 생각해 보자. 선택지는 무궁무진하다.

위의 세 질문의 답을 각각 원에 넣어 작성해보면 가운데 교집합 부분이 '나의 기후행동'이 될 것이다.

출처: Ayana Elizabeth Johnson의 워크시트 (https://www.getitright.earth/)

으로 공유하고 의미를 구축할 때 이는 사적 영역을 넘어 사회적인 차원에서의 애도가 될 수 있다. 함께 슬퍼함을 통해 이루어진 깊은 결속과 연대로서의 생태적 애도는 기후행동으로도 확장될 수 있지 않을까?

예술을 통한 생태적 애도

예술은 현실을 부드럽게 직면하게 하는 힘이 있다. 기쁠 때뿐만 아니라 슬플 때도 노래를 부르고 춤을 추듯, 고통과 괴로움을 마주할 수 있는 공간이 들어 있다. 이러한 예술의 여백은 기후위기 속 우리의 모순적 감정이 균형을 잡을 수 있게 도와준다. 생태적 애도를 목적으로 이루어진 것은 아니나 2021년 6월 서울시립미술관에서 열린 「기후미술관: 우리 집의 생애」[9]나 에코오롯 정은혜 대표가 제주도 바닷가의 모래에서 주운 미세 플라스틱 조각들로 만든 「플라스틱만다라 프로젝트」[10]는 생태적

9 서울시립미술관 기후미술관 https://sema.seoul.go.kr/kr/whatson/education/detail
10 플라스틱만다라 http://www.plasticmandala.com/exhibition-2/

애도의 좋은 예로 볼 수 있다. 「기후미술관」에서는 오이코스(그리스어로 집이나 가족을 뜻함)라는 어원을 가진 우리의 공동의 집인 지구가 급박해져 가는 기후위기 속에 처한 문명의 위기를 보여준다. 세 가지 테마로 기후변화로 죽어 가는 오이코스(바다·서식지 파괴·산불), 탄소 배출이 40%나 이루어지는 사람들의 주택, 벌과 새 그리고 나비의 생존을 돕는 집이란 전시가 이루어졌다. 전시 연계 프로그램인 '침엽수를 보내며'도 기후위기로 죽어 간 우리나라의 침엽수들을 추모하는 의미 있는 자리였다. 미술관 앞마당에 놓인 침엽수 고사목을 관람하고 이야기를 나누었고, 직접 울진 금강소나무 산림유전자원 보호구역 현장을 방문하여 모니터링하는 시간도 함께 가졌다.

「플라스틱 만다라」는 천천히 모래사장을 기어다니며 주운 플라스틱으로 만든 아름다운 작업이다. 무기력함에 맞서는 작은 행동 안에서 우리 때문에 죽어 간 많은 생명을 애도한다. 이 과정 안에서 비극의 원인을 제공한 나를 직시하게 되는 불편한 과정도 생기지만, 프로젝트를 진행한 정은혜 대표는 서둘러 감정을 처리하는 대신 그대로 불편해하는 것을 선택하는 것도 필요하다고 말했다. 지금껏 흘러온 우리의 삶의 방향을 바꾸려면 먼저 그 불편함을 직시해 원인을 바로 보고, 고통을 통과한 뒤에야 가능하다는 것이다. 그녀의 이야기에는 생태적 애도에 담긴 의미와 방향이 잘 담겨 있다. 그러기에 죽음의 알갱이를 거두어 바다에 보내는 애도는 곧 스스로에게 주는 위로와 축복이 될 수 있다.

공동체 전례나 의식(ritual)을 통한 생태적 애도

지구의 날을 맞아 여성 수도자(천주교 수녀)들이 한국의 멸종 위기 생명들을 기억하며 바친 저녁기도 전례도 생태적 애도로 참고할만하다. 한국 멸종 위기 종들과 파괴된 생태계의 회복을 위해 삶을 성찰하고 유엔의 생물다양성협약에 관한 정상회담이 생물 다양성 상실을 막을 수 있는 실질적 전환점이 되길 바

지구의 날 저녁기도(성가소비녀회 인천관구 본원)

라며 기도하는 시간이었다. 공동체 저녁기도가 있기 며칠 전부터 한국의 멸종 위기 동식물의 사진을 전시하였다. 원하는 사람은 사진을 가지고 가서 자세히 알아보기도 하고 함께 머무는 시간을 가졌다. 저녁기도 당일은 수도자들의 평소 저녁기도 전례에 변화를 주었다. 기도 중 듣게 되는 성경 말씀 대신 조애나 메이시의 〈사라져 가는 벗에게〉[11]라는 시(한국의 멸종 위기종으로 각색)를 낭독했다. 다음으로 각자의 기도와 애도의 마음을 담아 준비해 온 돌로 성모상 앞에 돌무덤을 쌓았다. 마지막으로 직접 그 멸종 위기종(대륙사슴·족제비·개구리매·바다사자)이 되어 인간에게 간절히 호소하는 마음을 담아 네 분이 작성해 온 편지와 기도를 함께 들었다.

생태슬픔으로 함께 희망하기[12]

기후위기는 한 번에 끝나지 않을 장기 지속 위기이다. 개인적

---

11 『생명으로 돌아가기』에 나와 있는 내용을 상황에 맞게 각색한 것이다.
12 여기부터는 잡지 『바람과 물』 최종호 마지막 단락에 실린 필자의 글을 일부 편집한 것이다.

상실은 시간이 흐르면 잊히고 치유되는 데 비해, 지구적 차원으로 경험한 것들은 앞으로도 악화할 여지가 있다는 점에서 차이가 있다. 아마도 상실의 감정이 상시화되는 시대가 인류세가 될 것이다. 기후위기를 극복하려면 재앙 속에서 더 이상 미루지 않고 당장 행동해야 하는 긴급성과 함께 지속적으로 삶을 이어 가며 생명을 선택하기 위한 영적 자원이자 전환의 씨앗이 꼭 필요하다.

애도를 감사로 시작하면 좋겠다. 눈부신 파란 하늘 아래 땅을 딛고 선 두 발, 창밖의 나무와 노래하는 새들, 온 생명과 함께 호흡하고 있다는 것은 참으로 경이로운 일이다. 이 모든 선물이 대가 없이 우리에게 주어졌다. 우리 안에는 경이로움을 느낄 수 있는 능력, 이해할 수 있는 지성, 소중한 것들을 지켜 내고 돌보고자 하는 사랑의 능력이 있다. 그리고 희망으로 미래를 향해 함께 돌아섰으면 한다. 희망은 현재 상황에 체념하여 찰나 속에 매몰되는 것을 거부하는 것으로 예속에서 벗어나겠다는 결심을 솟아오르게 하는 바로 그 예속에 대한 인식이고, 희망은 극복된 절망이다. 희망은 언제나 집단적이다. 인간은 결코 혼자 희망하지 않는다. 독존은 오히려 절망시킨다. 함께 나누지 않는 희망

은 변질되고 위축될 수 있기 때문이다.[13]

나는 생태슬픔을 경험하면서 역설적으로 '나'라는 존재가 살아 있다는 기쁨과 충만을 느꼈고, 현재 주어진 것에 더욱 감사할 수 있게 되었다. 파괴되고 사라지는 것들 사이로 여전히 찬란하게 빛나는 아름다움도 발견할 수 있었다. 개개인은 연약할 수 있지만 우리가 나눈 것들은 직조되었기에 견고하다. 한 올씩 내어놓은 두려움, 불안, 분노와 슬픔은 병적인 소유와 착취의 속박에서 벗어나 전환을 향해 나아갈 힘과 용기를 수놓고 있다. 이제는 파괴되고 훼손된 지구와 우리 자신을 진실하게 직면하고 그동안 살아온 죽음을 향한 삶의 방식을 애도하고 생명에 대한 사랑을 품은 희망으로 함께하는 법을 배워 갔으면 한다.

13 프랑소아 바리용, 『흔들리지 않는 신앙』 생활성서사, 2014, 356-357쪽.

세상의 고통과
함께하는 생태명상

문윤형

내 이야기

2019년 석사 논문을 준비하면서 그간 관심을 가져 온 생태와 영성을 접목한 주제로 연구를 시작했다. 당시 생태 문제의 주요한 이슈는 기후변화였기에 기후변화 시대에서의 영성, 특히 실천적 삶의 형태를 모색하고자 한 기후환경운동가의 생애사를 연구하였다. 이 과정은 '내가 어떤 삶을 지향해 나가야 하는 기'리는 물음의 답을 스스로 찾아가는 여정이었다. 참여관찰과 인터뷰를 통해 다양한 활동과 경험을 접하며 깊은 영감을 얻었고, 무엇보다 기후변화가 먼 나라의 이야기가 아니라 우리에게 조만간 닥칠 현실이라는 것을 실제적으로 체감하게 되었다.

기후변화의 심각성을 알게 되면서 나는 심리적으로 매우 불편해졌는데, 1.5도 상승이라는 티핑포인트가 당시 10년도 채 남지 않은 상황에서 그것을 듣고만 있자니 점점 마음이 무거워졌다. 모두가 가만히 앉아서 누군가가 알아서 해 주기를 바라서는 안 된다는 생각이 들었고, 결국 심리적 부채감에 못 이겨 같이 공부하는 사람들과 매주 일요일 오후 광화문에 모여 시민들에게 기후변화를 알리는 활동을 시작하게 되었다.

가만히 있는 게 힘들어 기후행동을 시작했는데, 막상 행동을 해 보니 이 또한 쉽지 않았다. 생각보다 시민들은 우리의 목소리에 큰 관심이 없는 것 같았고, 달콤한 주말 오후를 포기하는 것이 나에게는 점점 힘들어지기 시작했다. 나의 희생에 비해 효과가 미미하게 느껴진 것이다. 시간이 갈수록 나는 지쳐 갔고 회의는 커져 갔다.

"이런다고 세상이 바뀔까?"

2019년 9월 21일, 종로에서는 대규모 기후행동 집회가 열렸다. 내 기억 속에서 그날은, 기후변화 문제로 이토록 많은 사람들이 한자리에 모였던 첫 경험이었다. 나는 환경문제에 관심이 많은 친구 한 명과 같이 집회에 나갔는데, 생각보다 너무 많은 인파가 모여서 그간 기후행동에 지친 나에게는 큰 힘이 되었다. 들뜬 마음으로 집회장을 떠나는 나에게 친구는 나지막이 속삭였다. "이런다고 세상이 바뀔까?" 친구의 회의적인 모습에 무엇보다 나는 많이 놀랐다. 나는 세상이 변해 가고 있다는 희망적인 기분에 도취되어 있었기 때문에 친구의 말을 받아들이기 어려웠다. 아무 말도 못하고 서운함만을 가슴에 안고 그날 일정을 마무리했다.

시간이 지난 뒤 생태적지혜연구소 소장님께 그날 일화를 전했더니 소장님은 친구가 기후우울증인 것 같다는 말씀을 하셨다. 말로만 듣던 기후우울증이란 게 이런 건가... 얼떨떨함과 놀람이 교차했고, 친구에 대한 서운한 감정은 어딘지 모를 연민으로 바뀌게 되었다.

시간이 조금 더 흐른 뒤에는 기후우울증이 더 이상 남의 이야기가 아니게 되었다. 나는 자포자기의 상태가 되어 일요행동도 그만두었고, 생태 관련 모임과도 담을 쌓고 기후변화를 알기 이전의 삶으로 돌아갔다. 한때는 일터에서도 야외 수업 때 사용하는 종이컵 대신 스테인리스 컵으로 바꾸자는 제안을 하기도 했지만 좌절되었고, 직장 내에서도 사람들과 어딘지 모르게 불편해지는 느낌을 받았다. 당시 탄소 소비적 삶에 대한 비판과 분노는 날이 갈수록 커져 갔는데, 그에 반해 현실의 삶에 있어서는 종이컵마저도 바꾸지 못할 만큼 나는 힘이 없었고, 그것은 고스란히 무력감으로 다가왔다. 일터에서 기후변화에 대한 일

인 시위나 투쟁을 하기에는 먹고사는 문제가 나에게는 더 중요
했다. 내 안의 모순이 점차 쌓여 가자 나 스스로도 감당하기가
어려웠고, 그냥 편하게 살고 싶다는 마음으로 귀를 닫고 사는
삶을 선택했다.

　그렇게 1년 가까이 시간을 보내자 마음의 여유가 생겼고, 그
러면서 내 안의 변화를 다시금 돌아보게 되었다. 그리고 아마
도 정도의 차이는 있겠지만, 나 이외의 많은 사람들도 앎과 삶
의 불일치로 인한 불편감을 안고 살지 않을까 하는 생각을 갖
게 되었다. 우리 사회는 탄소 소비에 기반해서 모든 풍요와 편
의를 누리고 있는데, 이것을 거스르며 살아간다는 것은 결코 간
단한 일이 아니다. 또 모두가 활동가가 되어 세상을 바꾼다는
것도 말처럼 쉽지만은 않다. 내가 그러했듯 사람들도 이런 심
리적 불편감에서 '회피'라는 적절한 타협점을 찾아 살아가는 듯
했고, 그러다가 이따금씩 걱정과 죄책감을 느끼지 않을까 싶었
다. 기후변화의 시대를 살아가는 우리가 어떻게 마음을 다스리
고 서로를 격려하며 살아가야 하는지에 대한 가르침을 찾기 어
려웠기에, 나 스스로 답을 찾아가며 마음생태 강의와 생태명상
을 만들어가기 시작했다.

생태명상이란?

'생태'라는 말이 말해주듯, 생태명상은 우리와 주변의 생명, 자연, 사물, 그리고 온 우주가 하나의 연결망 속에 있다는 감각을 일깨우는 명상이다. 생태명상 프로그램은 특히 지금 이 자리에 함께 있는 사람들과의 연결감에 주목한다. 멀리 있는 관념적 대상이나 추상적인 우주와의 연결이 아니라, 바로 곁에 있는 타인과 마주하는 것에서부터 출발하는 것이다.

프로그램은 간단한 자기소개와 서로 간의 공통점을 찾아보는 활동으로 시작한다. 이는 단순한 소개를 넘어, '나'와 '너'가 얼마나 닮아 있고, 이미 연결되어 있는지를 발견하는 과정이다.

우리는 서로를 나와는 전혀 다른 분리된 개체로 인식하는 경향이 있지만, 지구상에 있는 어떤 존재보다 우리 인간들 간에는 공통점이 많다. 과학자들은 지구 정반대편에 사는 서로 다른 인종일지라도 DNA의 99.9%가 일치한다고 말한다.

앞사람의 자기소개를 들은 뒤, 나와 공통점이 있다고 느껴지는 사람이 공통점을 언급하며 자기소개를 이어 나간다. 사람들은 공통점에 주의를 두고 자기소개를 듣기 때문에 상대방에게 더 귀를 기울이게 되고, 이어서 누군가 나에게 공통점을 이야기해 줄 때 그 사람에게 한층 더 친밀감을 느낄 수 있게 된다. 어색하고 서먹한 첫 시간이지만 시간이 지날수록 점차 훈훈한 온기가 돌게 된다.

생태명상에서 자주 사용하는 단어인 '연결감'은 때로 굉장히 모호하고 또 직접적으로 와 닿지 않을 수 있다. 그래서 연결감을 실제적으로 느껴 보고, 지금 내가 얼마나 연결감을 느끼며 살고 있는지, 또 나에게는 어느 정도의 연결감이 필요한지를 살펴보는 연결감 명상 시간을 가져 본다.

연결감 명상

이 명상은 연결감을 단계적으로 알아차려 가는 흐름으로 진행된다. 먼저, 지금 이 순간의 몸과 마음을 있는 그대로 바라보며 나 자신과의 연결감을 느껴본다. 다음으로, 살아오면서 가장 깊은 연결감을 느꼈던 특정 대상과의 기억을 떠올려 본다. 마지막으로, 지금 내 주변에 있는 존재들과의 연결감을 살펴본다.

이제 준비가 되었다면, 온몸을 전체적으로 느껴 본다. 긴장이 있다면 긴장을 알아차리고, 척추를 세워 놓는 것 외에 인위적인 노력들을 내려놓는다. 모든 것을 몸의 자연스러운 흐름에 맡긴다. '무엇이 자연스러운 것인가' 하는 생각조차도 내려놓는다. 그저 숨이 들어오고 나가는 것을 따라간다.

주의를 조금 더 확장해서 지금 내가 있는 공간 전체를 감지한다. 공간의 소리를 듣고, 소리 사이의 공간도 듣는다. 소리들이 그저 오고 가게 내버려 둔다. 마치 소리에 마음을 쉬듯 소리를 편안하게 듣는다. 자연스럽게 일어나는 생각들을 따라가지 않고 내버려 둔다. 할 수 있다면 생각과 생각 사이의 공간도 들어본다.

명상이 잘되건, 잘되지 않건, 잘하려는 마음을 내려놓고 온전히 있는 그대로의 나를 받아들인다. 이제 천천히 내 몸의 상태를 알아차린다. 가볍고 편안한 몸 상태를 10, 무겁고 불편하거나 아픈 상태를 1이라고 했을 때 지금 내 몸이 어디쯤에 있는지 몸에게 물어본다. 답을 찾기보다 응답이 들려올 때까지 기다린다. 이번에는 주의를 가슴으로 가져간다. 기쁘고 평온한 상태를 10, 지치고 힘들고, 불쾌한 마음의 상태를 1이라고 했을 때 지금 내 마음은 어떠한지 마음의 소리를 들어 본다. 호흡과 함께 몸과 마음을 느끼며 머문다.

지금 느껴지는 나의 마음을 감정 단어로 표현한다면 어떤 단어가 어울리는지 떠올린다. 행복, 기쁨, 슬픔, 불안, 우울, 분노, 편안함, 답답함 등. 어떤 감정이든 바꾸려고 하지 않고 있는 그대로 받아들인다. "이대로 괜찮다.", "나는 이 감정을 느껴도 된다."라고 되뇌어 보아도 좋다. 나 자신이 아닌 다른 누군가가 되도록 스스로에게 강요하지 않으며 그 상태에 머물러 본다.

이제, 지금 나에게 무엇이 필요한지 떠올린다. 쉼, 자연, 친구, 가족, 공감, 인정, 활기, 지지, 위로 등 마음을 열고 나에게 가장 필요한 것이 무엇인지 물어 본다. 나에게 필요한 것과 더불어 내가 듣고 싶은 말이 있다면 마음속으로 조용히 건네주어도 좋다.

나는 나 자신과 어떤 관계를 맺고 있는가? 나를 잘 알고, 좋아하고, 관심을 가지고, 이해하며 돌보고 있는가? 나 자신과 얼마나 연결되어 있는지를 확인해 본다.

이제 살아오면서 가장 깊은 연결감을 느꼈던 대상을 떠올린다. 가족·친구·연인, 동물·자연일 수도 있고, 또는 신과 같은 종교적 대상일 수도 있다. 그 대상에 대해 잘 알고, 서로 깊은 차원에서 영향을 주고받으며, 깊게 연결되어 있다고 느낀 순간으로 천천히 돌아간다. 과거의 한 시점일 수 있는데, 지금은 그때와 같은 연결감이 이어지지 않더라도 괜찮다. 함께 있는 모습이나 기억 속의 장면을 떠올려도 좋다. 그리고 그 순간을 몸으로 느껴 본다. 이완감이나 편안함, 평온함, 안정감 등을 느낀다면 몸 어디에서 느껴지는지를 관찰한다. 가슴이나 복부, 얼굴에서 느껴지는 확장감 등을 충분히 느끼며, 그곳에서 숨이 들어오고 나가는 감각에 머무른다. 지금의 호흡은 어떠한지도 살펴본다.

이제 그 대상에 대한 이미지를 내려놓고 편안한 호흡으로 돌아온다. 이번에는 지금 내 주변에 있는 존재들을 떠올린다. 가장 강한 연결감을 느끼는 대상은 누구인가? 나를 중심으로 동심원을 그리듯 가장 가깝고 친밀한 존재부터 점차 거리를 느끼는, 또는 무관하다 느껴지는 대상까지 하나씩 떠올려 본다. 사람뿐 아니라 동물이나 자연, 사물도 포함하여 주변에 나와 함께 존재하는 대상들과 얼마나 연결되어 있는지를 살핀다.

나는 내가 원하는 만큼 주변과 충분히 연결되어 있는가? 내가 원하는 만큼 연결되어 있다면 그것은 어떤 모습일까?

그 이미지를 떠올려본 뒤, 부드럽게 흘려보낸다. 다시 호흡으로, 그리고 내가 머무는 공간으로 조용히 돌아온다.

명상 후 작업

종이 한가운데에 '나'를 표시하고, 지금 내 주변에 있는 대상들을 떠올리고, 나와 가까운 정도에 따라 종이 위에 거리감을 두고 배치한다. 또 다른 종이에는 두 번째 이미지를 그려 보되, 내가 원하는 만큼 충분히 연결되어 있는 모습으로 재배치하거나 그림으로 표현한다.

잠시 눈을 감고, 두 번째 그림을 마음속으로 떠올리며 충분히 느껴 본다. 관계에서 느껴지는 유대감과 친밀감, 함께 있는 분위기, 주고받는 대화, 함께 시간을 보내는 모습을 생생하게 그려본다. 내가 원하는 만큼의 연결감을 느끼기 위해 내가 할 수 있는 일을 종이에 적어보고, 또 그러한 연결감을 방해하는 장애물에 대해서도 적어본다.

작업을 마친 후에는 둘씩 짝지어 작업 내용에 대해 이야기 나눈다.

연결감

연결감은 눈에 보이지는 않지만, 우리에게 강한 면역 체계로 작용한다. 우리가 삶에, 관계에, 지구에 뿌리 내릴 수 있게 하고, 안정감과 지지감을 갖게 한다. 삶의 파도에 휩쓸려 중심을 잃거나 깊은 좌절에 빠질 때에도 우리가 혼자가 아니며, 우리를 도와줄 수 있는 존재들이 곁에 있다는 믿음으로 다시 손을 짚고 일어설 수 있도록 돕는다.

연구에 따르면, 건강을 위해 특별한 노력을 하지 않더라도 한 단체에 가입하는 것만으로 이듬해 사망률이 절반으로 줄어든다고 한다. 연결감은 마치 공기나 물처럼 우리 삶의 기본적인 요소이기 때문에 곁에 있을 때는 중요성을 인식하지 못하다가, 그게 사라지면 결핍감을 느끼고 병이 나게 된다. 코로나로 인해 대면 접촉이 줄어들면서 사회적으로 단절되어 있거나 고립되어 있다 느끼는 사람들이 부쩍 늘게 되었다. 생태명상에서는 자연을 느끼고 자연과 연결되는 것뿐 아니라, 궁극적으로 우리가 주변에 있는 모든 대상들과 더 깊게 연결될 수 있도록 돕는다.

나 자신과의 관계, 그리고 주변과의 관계에 대해 다시금 관심을 갖고 돌아보는 것으로부터 시작해서 그 관계들에 어떤 변화를 줄 수 있을지 고민해 본다. 개개인에 따라 실제 이런 고민이 관계의 변화로 즉각적인 작용을 할 수도 있지만, 생각만으로 그친 채 실천하지 못하는 경우도 있을 것이다. 변화 자체에 조급해하기보다 나의 현 상황과 내가 원하는 것들에 대해 지속적으로 알아차리다 보면 자연스럽게 삶에 변화가 일어날 수 있다는 느긋한 믿음을 가져 보는 것도 좋을 것이다.

연결감의 장애

내가 원하는 만큼 충분히 다른 존재들과 연결되어 있는 두 번째 이미지를 떠올리는 것만으로도 다른 존재들과 더 가깝게 느껴지지는 않는가? 사실 우리가 얼마나 마음을 여느냐에 따라 사람들과 더 쉽게 친밀해지고 연결감을 느끼게 될 수 있다. 우리는 길에서 처음 보는 어린아이에게는 쉽게 마음을 열고 나이나 이름을 물어보는 반면, 처음 보는 성인에게는 그렇게 다가서는 사람이 드물다. 하지만 시골 할머니들은 낯선 성인에게도 마치 자식처럼 밥은 먹었는지 묻고, 또 먹을 것을 건네기도 한다. 어쩌면 우리의 선입견 때문에 상대를 대하는 태도가 달라지는지도 모른다. 하지만 우리가 마음을 열 때 상대방 역시 마음을 열게 되기도 한다.

티베트의 정신적 지도자인 14대 달라이 라마는 처음 보는 사람들에게도 마치 오래 보아 온 사람들처럼 손을 잡고, 말을 건네며 아주 쉽게 그들과 연결된다고 한다. 상대를 나와는 전혀 다르고, 관계가 없는 사람으로 여기면 우리는 거리감을 느끼게 된다. 하지만 상대방과 나의 공통점을 보고 가족이나 친구처럼 여긴다면 마음의 문은 금세 열린다. 그도 나와 같은 사람이고, 친구가 필요하고, 누군가 나의 이야기에 공감해 주기를 바라고, 때때로 외로움을 느끼기도 하고, 도움이나 의지할 곳이 필요하기도 하다.

달라이 라마는 대통령을 만날 때나 청소부를 대할 때나 태도에 차이가 없다고 한다. 그런 태도를 떠올리면, 나는 나의 필요나 판단에 따라 누군가에게 마음을 열기도 하고 닫기도 했던 건 아닌지 돌아보게 된다. 필요와 이해를 떠나 주변의 모든 존재들과 따뜻한 마음으로 연결될 수 있다면 우리의 삶은 훨씬 더 풍요로워질 것이다.

반면, 지나치게 상대와 가까워지려 애쓰거나 인위적으로 관계를 유지하려는 노력은 우리를 지치고 피곤하게 한다. 나무가 어떻게 새와 관계 맺는지를 보면 자연스러움에 대해 생각해 볼 수 있다. 나무는 그저 자신이 할 일을 하며 거기에 서 있을 뿐이다. 그러면서도 열려 있다. 만약 잘하고 인정받으려는 마음 아

래 어떤 두려움이 있다면, 결국 여기서 비롯된 행위는 상대에게
부담을 주고, 나를 지치게 한다. 우리 내면의 동기와 감정을 알
아차리는 것에서부터 서서히 변화는 시작된다. 진정한 만남은
특별한 시간과 활동 속에서 이루어지는 것이 아니라, 나와 연결
되어 있고, 몸과 마음에 여유와 공간이 있으며, 나로 존재하며
너로 보아 줄 수 있을 때 일어난다.

만약 나에게 삶이 단 일주일만 남아 있다면 나는 그 시간을
어떻게 보낼까? 죽음 앞에서 삶의 불필요한 군더더기들은 저절
로 떨어져 나간다. 필요나 이해에 의해 움직이던 많은 행위들
은 사라지고, 있는 그대로의 존재 본연의 모습을 보고 아름다움
을 느낄 수 있을 것이다. 살아 있는 존재들뿐 아니라 매 순간과
진실한 접촉이 일어날 것이고, 살아 있음 자체에 더 깊이 연결
될 것이다.

연결감 명상을 하다 보면, 우리가 연결감을 느끼거나 더 깊게
연결되고 싶은 대상이 떠오르기도 하고, 반대로 연결되고 싶지
않은 대상들이 떠오르기도 한다. 우리는 모든 상황과 모든 관
계에서 마음을 열고 자신을 온전히 드러낼 수는 없다. 그것은
안전하고 적절한 관계여야 가능하고, 그런 관계를 만들어 가는
데 시간이 필요할 수 있다. 관계에서 적당한 거리를 유지하는

것은 중요하지만, 동시에 우리는 상대에게 마음을 조금씩 열어 놓을 수 있다.

가슴이 열려 있을 때 우리는 확장되고, 활기가 생긴다. 반대로 가슴이 닫혀있을 때는 위축되고, 생기를 잃게 된다. 가능하다면 할 수 있는 만큼 열린 마음으로 모든 존재, 모든 관계를 품어 안으며 연결감 명상을 지속해 본다. 연결감을 느끼는 대상에 머물며 가슴이 열려 있는 상태를 충분히 느껴 본다. 그리고 서서히 그 느낌을 확장한다. 우리는 연결감을 느끼는 관계에서 존중과 위로, 공감을 경험하고 그로부터 살아갈 힘을 얻는다. 그리고 그 힘을 바탕으로 다른 존재를 품어 안을 수 있고, 연결감을 넓혀 나갈 수 있다. 관계에서 느낀 서운함이나 속상한 마음이 떠오른다면 그 생각에 머무르기보다 흘려보낸다. 그리고 쉽지는 않지만, 매 순간 관계를 새롭게 시작하고, 새로운 눈으로 상대를 바라보려 노력한다.

연결망을 통한 치유

생태슬픔과 기후우울은 우리가 모든 것과 연결되어 있기 때문에 느끼는 슬픔과 우울이다. 이것은 관계망 속에서 이야기를 나누며 풀어 갈 수 있다. 슬픔과 우울은 자연스럽게 오고 가지만, 거기에 함몰되어 있는 것은 '무엇이 어떠해야 한다'는 강한 틀과 집착 때문일 수 있다. 현실을 있는 그대로 받아들이고, 그 감정을 우리가 할 수 있는 일에 사용하는 것이 중요하다. 이렇게 할 수 있도록 도와주는 것 또한 관계망이다. 서로 유기적으로 연결된 50그루의 나무가 각기 떨어진 100그루의 나무보다 더 높은 항상성을 가지는 것처럼 관계망은 우리가 건강하게 살아갈 수 있는 면역 체계를 강화시킨다. 진심으로 서로의 이야기를 들어 줄 수 있는 안전한 공간에서 내면과 접촉하고, 공감과 지지를 통해 관계망이 활성화된다면, 그 장이 그곳에 있는 사람들의 마음을 정화하고 치유할 것이며, 그것이 세상 속으로 조금씩 확장될 것이다.

생태명상 프로그램은 바로 이러한 장을 만들어 가는 과정이다. 따라서 함께 모여 명상하는 것뿐 아니라, 각자의 경험을 나누고, 서로의 감정에 귀 기울이며 공감과 지지를 주고받는 시간이 중요한 부분을 이룬다. 그 속에서 연결감은 더욱 깊어지고, 치유와 변화의 힘이 자연스럽게 깨어난다.

생태적 자기로 확장하기

생태에 대한 세 가지 접근을 이야기한 프랑스의 생태철학자 펠릭스 가타리의 시각처럼 자연을 보전·보존하는 자연생태, 사회적인 변화를 추구하는 사회생태, 그리고 마음의 변화를 일으키는 마음생태가 모두 필요하다. 그중 그가 가장 강조한 것이 마음생태이듯이 사실 우리가 타인과 관계 맺는 방식을 깊이 들여다보면, 다른 생명이나 사물을 대하는 태도와 본질적으로 다르지 않다는 점을 알 수 있다. 생태명상은 마음생태의 회복을 실천하는 하나의 방식이다. 심층생태학이 비판한 인간중심주의는 결국 더 확장된 자기중심성에 지나지 않는다. '나'와 '나 이외의 것'을 분리하고 도구화하려는 성향을 자각하고, 관계를 회복해 나가는 과정은 생태명상에서 다루는 또 하나의 중요한 주제이며, 그 과정에서 마음의 전환은 자연스럽게 시작된다.

노르웨이의 생태철학자 아르네 네스는 우리가 자신과 동일시하는 대상을 모두 포함하여 이를 '생태적 자기'라고 명명했다. 동일시는 타자의 기쁨에 함께 기쁨을 느끼고, 타자의 슬픔에 함께 슬픔을 느끼는 상태이다. 지금 내가 동일시하는 대상이 나의 가족, 친구에게만 국한되어 있지는 않은지 돌아볼 필요가 있다. 우리는 더 많은 대상을 우리 자신처럼 여길 수 있는 공감 능력이 있고, 이것은 훈련으로 더욱 강화될 수 있다. 동물이나 자연, 우리 사회의 다양한 사람들, 소수자들과도 동일시하는 부분이 있는지를 그림으로 표현해 본다.

내가 어떤 대상과 가장 많이 동일시하는지를 먼저 생각해 보고, 그 대상을 그림의 중앙에, 동일시하는 정도에 비례하는 크기로 그려본다. 반면, 가장자리에는 상대적으로 덜 동일시하는 대상들을 그린다. 이때 가장자리에 소외되어 있거나 그림에 아예 존재하지 않는 대상들은 누구인지 살펴본다.

건강한 생태계가 다양한 생명들의 복잡한 상호작용으로 이루어지듯, 우리 마음의 생태계 또한 마찬가지이다. 우리 내면의 다양한 목소리들은 존중받고 있는가? 아니면, 권력을 가진 일부 목소리들이 힘을 독점하고, 다른 목소리들은 소외되거나 억압되어 있는가? 내 마음의 생태계 내에 존재하지 않는 목소리는 무엇인지도 떠올려 본다.

그림을 그리다 보면 우리가 자연스레 얼마나 인간 중심적인 사고를 하고 있는지를 깨닫게 되기도 한다. 어찌 보면 우리가 인간이기 때문에 인간 중심적인 사고를 하는 것은 당연하기도 하고, 인간은 우리가 가장 쉽게 동일시할 수 있는 대상이다. 이것을 잘못된 것으로 받아들이기보다 지속적으로 알아차리고, 이 세상에는 인간만이 살아가는 것이 아님을 인정하고 의식의 영역을 다른 생명, 무생물들에게도 확장하고, 관심을 갖는 노력이 필요하다.

우리 마음의 생태계에 더 많은 대상들이 복잡하고 역동적으로 상호작용할수록 우리는 삶에서 더 큰 활력과 생명력을 느낄 수 있다. 그림을 자세히 들여다보면, 우리가 내면에서 동일시하는 대상들에 대해 우리 외부에도 똑같은 에너지를 부여한다는 것을 알 수 있다. 나는 우리 사회의 주류와 더 동일시하는가? 또는 소수자와 동일시하는가? 주류 인물과 동일시하는 경우에는 사회에서 무언가를 이루고, 인정받고, 주목받는 것에 더 큰 관심이 있을 수 있다. 반면, 소수자와 더 동일시한다면 주변부에 있는 존재들에 대한 민감성과 연대의식이 살아 있을 수 있다. 주류와 소수자 모두를 내 안에 품을 수 있다면, 삶에 더 큰 다양성과 다양한 가치들에 대한 이해가 자리잡을 수 있다.

네스의 심층생태학

노르웨이의 철학자 아르네 네스는 기존의 생태학과 구분되는 '심층생태학'이라는 새로운 개념을 창안했다. 겉보기에는 똑같이 자연을 보존할지라도 우리가 어떤 동기와 의도를 가지고 환경운동을 하느냐에 따라 표층과 심층으로 구분 지었다.

만약 우리가 지금처럼 지구상에서 번영과 풍요를 누리기 위한, 또는 생존을 위한 토대로 자연을 보호한다면 이는 표층생태학에 해당된다. 반면 지구상의 모든 존재를 나의 형제, 자매처럼 동등한 권리를 가진 존재로 여기고 함께 살아가려는 태도는 심층생태학의 관점이라고 볼 수 있다. 마치 나 자신이 행복하고 건강하기를 바라듯이 지구상의 모든 존재를 나 자신처럼 소중하게 여기는 것이다.

또한 네스는 심층생태학을 자기실현(Self-realization)의 의미로 사용하였다. 그는 우리가 일반적으로 사용하는 '자기실현'의 의미와 구분하기 위해 대문자 S를 사용하였는데, 여기서 '자기'의 의미에 대해 숙고해 볼 필요가 있다. 우리는 '자기'보다는 '실현'의 의미에 초점을 맞추어 자기실현을 이해하는 경향이 있고, 이는 자칫 좋은 직장을 갖는 것, 또는 경쟁 사회에서 우위를 차지하는 것으로 오해되기도 한다.

네스는 '실현'보다는 '자기'의 의미를 탐구하였는데, 피부로 둘러싸인 자기만이 아니라 우리가 동일시하는 모든 대상을 자기로 본 것이다. 우리는 흔히 가족이나 친구, 동료, 그리고 우리가 속한 공동체와 자신을 동일시한다. 하지만 우리 자신을 조금 더 깊고 넓게 확장한다면, 세상의 모든 존재와 동일시할 수 있다. 모든 존재가 자신의 잠재력을 피워내고 행복하기를 바라는 마음으로 살아간다면, 그것이 바로 네스가 평생 탐구해 온 자기실현이며 심층생태학의 또 다른 이름일 것이다.

네스는 자기실현을 구현하며 살아온 인물로 간디를 꼽았는데, 실제 말년의 간디는 자신의 모든 정치 활동과 저술, 연설이 결국 자기실현의 과정이자 신과의 대면이라고 말했다. 마을 사람들을 돕는 일조차도 그에게는 자신을 실현하는 하나의 방식이었다. 그에게는 자기실현이 신을 만나는 과정 즉, 수행의 방편이었다. 따라서 그는 자신을 따르는 사람 중에 사회적 실천은 무시한 채 단식과 수행에만 전념하는 이들을 안타까워했으며, 이를 영적 이기주의로 보기도 했다.

지구의 아픔과 함께하기

명상에서는 고통에 함몰되거나 고통을 회피하지 않고, 고통을 있는 그대로 마주하면서 그것이 자연스럽게 변용되고 흐르도록 허용한다. 우리는 대개 삶이란 본래 행복해야만 한다고, 그리고 그렇지 않으면 어딘가 잘못된 것이라 여기는 경향이 있다. 그래서 괴로움을 겪게 되면 무언가 잘못되었다고 느끼고, 자연스럽게 고통을 피하려 한다. 하지만 생태명상에서는 생태위기로 인해 생겨나는 부정적인 감정을 회피하지 않고, 오히려 그 감정을 온전히 마주한다. 그리고 그 감정을 인정하며, 내 안에 머물도록 허용하는 시간을 갖는다.

삶은 우리가 원하지 않는 일들, 곧 불만족으로 이루어져 있음을 받아들여야 한다. 붓다는 삶에 고통이 존재한다는 사실을 첫 번째 가르침으로 전했다. 그에게 고통은 나쁜 것이 아니라, 오히려 성스러운 진리였다. 고통이 있기에 깨달음도 가능하기 때문이다. 생태명상에서는 바로 이 고통의 의미에 대해 깊이 성찰하는 시간을 갖는다.

우리가 느끼는 부정적 감정들을 몸에서 느껴 보고 그곳으로 호흡을 보내 준다. 그리고 시간이 지남에 따라 그 감각이 변화하는지도 살펴본다. 그 감정과 감각을 친구로 받아들이고 품어 안는다. 삶은 고통이라는 것을 받아들이면 내가 행복해야 한다는 강박에서 벗어날 수 있다. 불안하거나 우울함을 느껴도 괜찮다. 그 감정을 있는 그대로 인정하고, 내 안에 머무를 수 있는 공간을 내어준다.

기후변화를 보고, 듣고, 직접 경험하면서 느끼는 모든 불편한 감정들은 명상의 주제가 될 수 있다. 꼭 지구의 고통에 공감하며 느끼는 슬픔뿐 아니라, 외면하려는 불편함, 죄책감, 심지어 무관심까지 모두 포함된다. 겉으로 보기엔 지구의 아픔과 어울리지 않는 감정처럼 느껴질 수 있지만, 이 모든 감정은 결국 지구와 나 사이의 관계에서 비롯된 것이다.

먹고사는 문제에 급급한 일상 속에서는 지구의 문제를 자연스럽게 뒤로 미루게 된다. 그러나 잠시 시간을 내어 의식을 지구 전체로 확장해 보면, 지금 내 문제가 이전보다 덜 위급하게 느껴질 수도 있다. 그렇게 시야가 넓어질 때, 우리는 보다 큰 관점에서 삶을 바라볼 수 있다.

기후위기와 생태적 파괴는 단지 환경의 문제가 아니라, 우리 내면의 문제이기도 하다. 지구가 겪는 아픔을 외면하거나 무감각해진 채 살아가는 동안, 우리는 자연과의 연결뿐 아니라 자신의 감정과 감각에도 둔감해져 왔다. 다음의 세 가지 명상은 우리가 잃어버린 감각을 회복하고, 다시금 지구와 깊이 연결되기 위한 마음의 길을 연다. 각 명상을 따라가며 우리는 애도하고, 공감하고, 지구의 고통에 마음을 열어가는 방법을 배워간다.

애도와 용서의 과정을 통해 상실의 감정을 정화하고 나면, 우리는 지구와의 관계를 새롭게 맺고자 하는 마음을 품게 된다. 이어지는 명상들은 그러한 마음을 바탕으로 내면의 연결을 확장하고, 실천의 방향을 찾아가는 데 도움을 준다.

애도와 용서 명상

지구가 훼손되어가면서 우리가 상실한 것들을 떠올리고, 그림을 그리거나 그와 관련된 자신의 이야기를 나누는 시간을 갖는다. 이어지는 용서명상에서는 속수무책으로 방치하거나 지켜내지 못한 자신을 먼저 용서한다. 그리고 서식지를 잃거나 생명을 잃은 존재들에게 용서를 구하며, 기업인이나 정치인 등 이러한 결정을 내린 이들까지도 용서의 대상에 포함시킨다. 용서가 쉽지 않게 느껴질 때는, 그런 마음조차 있는 그대로 받아들이고, 단지 용서하고자 하는 마음을 내어보는 것만으로도 충분하다는 사실을 기억한다. 이 과정은 우리가 상실에 대해 느끼는 죄책감과 분노에 빠지지 않도록 돕고, 감정을 정화하는 데 의미가 있다.

우리 안에는 가해자와 피해자가 공존한다. 용서명상을 통해

나 스스로를 용서하고, 지나간 일을 탓하기보다 그때그때 일어
나는 감정을 있는 그대로 받아들인다. 연민과 사랑의 마음을
잃지 않은 채 앞으로 나아가는 것이 중요하다. '수용'이란 무조
건 상황을 내버려두는 것이 아니라, 지금 이 순간 내 안에서 일
어나는 감정과 현실을 있는 그대로 받아들이는 것이다. 이는
앞으로의 일을 포기하겠다는 의미가 아니다. 오히려 수용을 통
해 우리는 더 정화된 마음으로, 다가오는 상황에 맞는 현명한
결정을 내릴 수 있게 된다.

우리는 단지 당위만으로 행동하는 존재가 아니다. 때로는 나
약해지고, 두려움을 느끼기도 한다. 그런 우리 자신을 온전히
받아들이는 것이 필요하다. 내가 할 수 있는 만큼 최선을 다하
면서도, 스스로를 돌보고 보듬는 시간이 중요하다. 생태슬픔에
함몰되지 않고, 그 슬픔을 통해 우리 모두를 이해하고 용서하
며, 그 감정이 내게 전하려는 메시지를 삶 속으로 가져오는 작
업이 필요하다.

되어 보기 명상

이 명상은 우리가 상실한 어떤 존재나 대상에 대해 깊이 공감

하고, 그 감정을 온전히 느껴보는 연습이다. 우리는 이 명상을 통해 자연, 동물, 혹은 사회의 소외된 존재들이 되어봄으로써, 다른 존재의 입장에서 세상을 바라보는 법을 배울 수 있다.

우선, 내가 애도하고 있는 대상이 자연스럽게 마음에 떠오를 때까지 잠시 기다린다. 너무 애쓰지 않아도 괜찮다. 마음이 준비될 때, 떠오르는 대상을 가능한 한 생생하게 그려 본다. 그 대상의 색깔, 크기, 모양, 질감 같은 세부적인 특징들을 떠올리며 그 존재를 느껴본다.

그 다음엔, 그 대상이 되어 본다. 마치 그 존재의 입장에서 세상을 바라보는 것처럼, 그가 느꼈을 감정이나 마음을 조심스럽게 느껴 본다. 그 과정에서 자연스럽게 떠오르는 생각이나 말이 있다면, 그것을 조용히 들어본다. 혹시 아무것도 떠오르지 않더라도 괜찮다. 그저 그렇게 느끼는 나 자신을 있는 그대로 받아들인다.

이제, 그 소중한 대상을 사라지게 만든 존재들이나 상황을 떠올려 본다. 그들 역시 마음속에 그려보고, 이번에는 그들이 되어 본다. 그들의 입장에서 어떤 마음이나 말이 떠오르는지 가만히 들어본다.

그 다음에는, 내가 잃어버린 대상과 그로 인해 느끼는 감정,

그리고 그 상실에 관련된 존재들에 대한 내 안의 감정을 충분히 느껴본다. 슬픔, 죄책감, 미안함, 분노, 혐오… 어떤 감정이든 좋다. 그 감정에 이름을 붙여 보고, 숨을 들이쉬고 내쉬면서 그 감정들이 자연스럽게 흘러가도록 해준다.

이 명상을 통해 판단하거나 고치려 하기보다는, 있는 그대로의 감정과 경험을 바라보고 받아들여 본다.

세상의 고통과 함께하는 명상

'되어보기 명상'를 통해 더 깊은 공감의 감각을 익힌 뒤에는, 우리가 마주한 이 세계의 고통과 함께 존재하는 법을 배워본다. 이를 통해 우리는 연민과 자비의 마음을 기르며, 더 지속적이고 진실한 실천으로 나아갈 수 있는 내면의 힘을 키우게 된다.

세상에서 우리를 아프게 하는 것들을 떠올려 본다. 공장식 축산, 기후난민, 멸종동물, 쓰레기 섬, 미세먼지, 코로나 등을 떠올렸을 때 우리 몸에서 느껴지는 것을 그대로 알아차린다. 불편함이 느껴지는 부위의 위치, 모양, 감각, 색이나 온도 등을 알아차리고, 그곳으로 호흡을 보내 준다. 호흡을 반복하면서 몸에서의 감각에 변화가 있는지도 알아차린다. 그리고 이러한 감각은 우리가 연결되어 있기에 느끼는 것임을 받아들인다.

특히 어떤 사건이나 주제에 내가 아파한다는 것은 그것과 내가 특별히 연결되어 있음을 뜻한다. 그 일에 관심을 기울이고, 그것과 관련해서 내가 할 수 있는 일을 찾아볼 수 있다. 그 문제와 내가 어떻게 연결되어 있는지, 왜 심정적으로 관여하는지 나름의 스토리를 찾아본다. 어쩌면 그 문제에 대해 단지 잘 알고 있기 때문일 수도 있다. 명상을 마친 후, 불편한 느낌을 단순히 알아차리는 것으로 그치지 않고, 그것이 삶에서의 작은 활동으로 이어지는 것은 매우 중요하다. 그 아픔을 적극적으로 인정하고, 내가 할 수 있는 아주 작은 실천이라도 해 보는 것이다.

실천을 함에 있어서는 비건이 되는 극단적 선택보다는 채식 요일을 정하는 등 내가 실천할 수 있는 작은 변화부터 시도해 보는 것이 더 효과적이다. 그리고 그 행동을 할 때마다 이 세상에서 고통을 받는 존재들에게 따뜻한 자애의 마음을 보내 준다. "그들이 진정으로 행복하기를", "그들이 건강하기를"… 내 마음에 와닿는 자애문구를 되뇌이며 자애명상을 이어간다. 자애명상은 우리가 실천을 통해 느끼는 감정들을 더욱 깊이 있게 경험하게 도와준다.

　작은 생명들, 나보다 더 어려운 상황에 처해있는 존재들을 기억하며 작은 행동을 해나가는 것은 스스로 자존감을 높일 수 있는 일이기도 하다. 즉, 선한 일을 함으로써 나 자신에 대한 자긍심을 느낄 수 있고, 동시에 나의 나약한 부분과도 연결되어 그것을 인정하고 보듬어 안을 수 있다. 또한, 우리가 이 사회의 시스템 속에 있기 때문에 아무것도 할 수 없다는 자포자기가 아니라, 작은 실천을 통해 작은 변화를 이루어 간다는 희망을 갖게 될 수 있다. 그리고 이 과정을 통해 무엇을 느꼈는지, 나에게 어떤 영향을 미쳤는지, 함께 생태명상을 하는 사람들과 경험을 공유하고, 서로의 실천을 지지하는 것도 중요하다. 이런 나눔과 지지는 실천을 계속 이어갈 수 있도록 돕는 힘이 된다.

　선한 마음은 우리를 행복하게 한다. 우리는 일상의 일들에 매몰된 채 작은 자아를 실현하는 데 집착하며 살아갈 수 있다. 하지만 나보다 더 작은 생명에게 주의를 주고, 그들을 위해 할 수 있는 일을 해 나갈 때 점차 자기중심적인 생각에서 벗어날 수 있다. 내 문제를 더 넓은 시각에서 바라볼 수 있게 되고, 의식이 성장하면서 새로운 해결책을 찾을 수도 있다. 우리는 우리가 문제시하는 부분을 돋보기로 살펴보고 부정적인 면에 고착되는 경향이 있지만, 전체적인 시야를 되찾으면 도리어 문제점보다는 장점이 더 많다는 것을 깨닫게 된다.

마음의 생태계 그림을 통해 외부 세계와 내면의 세계가 어떻게 연결되어 있는지를 살펴볼 수 있었다. 내면의 문제를 해결하기 위해 심리 치료를 받는 것도 하나의 방법일 수 있지만, 그와 동시에 공동체 안에서 사람들과 교류하고 마음을 나누는 과정도 중요하다. 외부 세계의 배치를 조금씩 바꿔 나가고, 관심과 주의를 보다 넓은 대상으로 확장해 나갈 때 우리 내면의 세계 또한 함께 확장된다. 그렇게 되면 나의 문제 역시 작아지거나, 이전과는 다른 시각으로 보이기 시작한다. 이러한 변화는 곧 내 안에서 다양한 생명들이 살아나고, 서로 소통하며 움직이기 시작했다는 뜻이다. 그 생명력의 풍부함은 결국 우리의 삶을 더 윤택하게 만들 것이다.

세상의 고통과 함께하는 명상은 고통을 느끼고 함께 슬퍼하는 만큼 나와 세상의 연결망을 확대하고, 슬픔을 넘어 극복과 치유의 길로 우리를 인도할 것이다.

생태슬픔, 방어를 넘어 대전환으로의 여정

심리영성적 관점에서

이미진

기후 변화의 필요성을 절감할수록, 변화를 위해 노력하는 사람일수록 생태슬픔을 더 많이 경험하는 것 같다. 모순이 아닐 수 없다. 지구를 구하는 것만큼 자신의 마음을 구하는 것 역시 어렵게 느껴진다. 이전 장들에서 우리가 경험하고 있는 생태슬픔의 감각에 이름 붙였고 인지적 알아차림이 있었으며 인식의 확장을 제공했다. 이번 장은 일반인과 활동가, 생태슬픔을 작업하고자 하는 치유 전문가 등 폭넓은 그룹의 사람들에게 정서적 공명과 실천적 통찰을 주고자 한다.

고대 주술사는 마음을 치유하는 존재이자, 하늘의 지혜를 전하는 메신저였다. 오늘날 심리 치료사는 병든 지구와 인간을 치유하는 새로운 주술사로서의 소명을 다시금 부여받았다. 이번 장에서 제시하는 성찰하기가 개인의 자아가 동물, 생태계, 지구로 확장되는 경험을 통해 의식의 변화와 지속 가능한 행동 변화를 이끄는 논의에 도움이 되기를 바란다.

생태슬픔에 공명하기

당신은 생태슬픔에 공명할 수 있는가?

90년대 중반이었다. 필자가 살고있던 도시는 공업도시였는데 학교가 산 중턱에 있어 숲에 둘러싸여 있었고 산 아래는 논밭이 펼쳐져 있었다. 공업지대, 주거지역, 생태지역이 한 도시 안에 있었다.

하루에 12시간 넘게 학교에 있어야 하는 답답한 학교생활 중에도 쉬는 시간에 숲속에 앉아 있으면 편안하고 안정된 기분이 들었다. 숲은 안전 기지[1]였다. 그러던 어느 날부터 논이 갈아엎어지고 앞산은 공업지대와 연결하기 위한 도로를 만들기 위해 완전히 두 동강이 났다. 논밭과 산이었던 풍경이 3년도 채 지나

---

1 애착이론에서 안전기지(secure base)란, 아동이 탐색 행동을 할 수 있도록 정서적 지지를 제공하는 안정적인 양육자 또는 환경을 의미한다. 아이는 이 '기지'를 통해 세상을 탐험하다가 위협을 느낄 때 다시 돌아와 위안을 얻는다. 이는 애착의 핵심 기능 중 하나이다. Bowlby, J. (1988). A Secure Base: Parent-Child Attachment and Healthy Human Development. Basic Books. 존 볼비, 애착(인간애착행동에 대한 과학적 연구). 연암서가, 2019.

지 않아. 대단위 아파트 단지와 8차선 도로로 바뀌었다.

숲에도 변화가 일어났는데 아주 조용하면서 주목하는 사람 없는 변화였다. 이 대규모 토목공사가 학교의 뒷산 나무를 직접 베어낸 것도 아니었는데 우거진 숲이 점점 황량해지고 생명력을 잃어갔다. 안락한 숲의 그림자가 사라지고 메말라가는 숲에서 더이상 안식을 얻을 수 없었다.

학교의 숲은 하나의 생명체처럼 파괴된 산과 논과 연결되어 있었다. 그리고 숲과 필자도 연결되어 있었다. 그렇게 산과 논, 숲, 필자는 하나로 연결되어 파괴와 상실에 함께 고통받고 있었다. 인간의 시각으로 보면 식물이 수동적인 생명체처럼 느껴지겠지만 식물 역시 주변의 다른 식물들, 균류, 동물, 인간 등 많은 생명체와 소통하면서 살아간다.

안식처였던 숲을 잃어가고 있다고 느꼈을 때 필자가 느꼈던 상실감, 허전함, 죽음을 지켜보는 우울감은 사랑하고 깊이 연결된 애착 대상을 상실했을 때의 애도 반응과 같았다.

숲이 죽어가고 있다는, 이러한 숲의 변화가 대규모 공사와 관련이 있을 거라는 말에 진지한 관심을 가지는 사람이 없었다. 허전함과 슬픔과 무력감을 느꼈지만 다른 사람과 이러한 감정을 나누지 못했다. 누구도 생명의 상실에 슬퍼하는 사람은 없는 것 같았다. 자신이 느끼는 감정에 대해 공감받지 못했을 때 스스로도 '중요하지도 않은 일에 감정을 쓰고 있는 건가'라는 자기 의심이 든다. 결국에는 필자도 이러한 감정들을 축소하고 없는 것처럼 무시하고 지나가게 되었다.

알고 있지만 말할 수 없는 경험은 소화되지 못한 채 감각으로 나도 모르게 몸에 남는다. 그리고 살면서 문득 문득 이 장면들이 여러 차례 떠올랐다. 이처럼 무의식 속에 억압된 기억과 정서는 늘 되돌아온다. 그러나 진정으로 이 경험에 주목하고 감정에 직면하게 된 계기는 심리상담사로서의 경력이 한참이나 지나고 나서였다.

인간의 정신건강이 생명 그리고 영성과 깊은 연관이 있다는 것에 대해 공감한, 몇몇 심리상담사들의 자발적인 '치유적 생태 영성 모임'을 통해서였다.(캐나다 토론토대학교에서 생태 영성을 전공하고 이 모임을 만든 임은 선생님과 연구모임 선생들께 감사와 사랑, 존경을 표한다.)

각자 환경오염, 동물 학대, 쓰레기 문제, 화학물질 오염의 이야기를 하며 이 모임을 통해 지구와 인간의 정신건강을 연관지어 공부하고 연구해야 한다는 생각을 처음으로 하게 되었다.

이 모임을 통해 오랫동안 알고는 있었지만 제대로 마주하지 못했던 상실감에 공명하고 애도를 할 수 있었다. 생태적 고통에 대해 이야기했을 때 서로의 이야기를 귀담아 들어주는 안전하고 따뜻한 공간 속에서 고통의 감정을 마주할 수 있었다. 이곳에서 생태적 고통은 혼자만의 문제가 아닌 우리의 문제였다.

생태슬픔에서 경계해야 하는 것은 개인의 나약함 혹은 취약함으로 치부하는 태도이다. 꼭 생태슬픔의 문제만이 아니라 일반적으로 정신질환은 과민한 태도 정도로 치부되거나 개인이 해결 해야 하는 문제로 축소되곤 한다.

가족치료에서는 우울증, 불안, 비행처럼 문제를 가지고 있는 가족구성원을 IP(명명된 환자)라고 한다. 명명된이라는 단어가 시사하는 바를 주목할 필요가 있는데 실제로는 한 가족구성원이 가지고 있는 증상은 단지 가족 체계 내에 있는 더 넓은 문제를 드러낼 뿐이라는 점이다. IP는 건강하지 못한 상호작용을 하는 가족 안에서 존재한다. 가족이 IP에게 비난하는 동안은 가족의 진짜 문제를 직면하지 않아도 된다. 그래서 가족이 IP를 유지하고 있다고 해도 과언이 아니다. 가족치료에서는 치료사는 IP가 아닌 가족 전체의 상호작용을 더욱 기능적으로 바꿀 수 있도록 도움으로써 가족 전체가 건강하게 변화하도록 돕는다.

가족치료에서의 지혜를 생태슬픔에도 적용해 생태슬픔을 공

동체 체계 내 문제로 바라보자. 건강하지 못한 지구 공동체에
서 누군가가 명명된 환자(IP)처럼 대신 생태적 슬픔을 경험하고
있는 것이라고 볼 수 있다. 지구가 하나의 거대한 유기체이고
지구상의 생물과 무생물들이 지구의 한 부분이라면 한쪽이 느
끼는 고통은 유기체 전체에 전해질 수도 있다. 기후 변화로 인
한 우울과 불안감을 호소하는 이는 오히려 인간과 지구가 연결
되어 있음을 나타내는 진정한 척도일 수 있다.

　우리가 느끼는 생태슬픔은 결코 개인의 과민함이나 약함이
아니다. 그것은 지구라는 거대한 생명체의 고통에 우리가 '연결
되어 있다'라는 신호이며, 지금도 우리 안에 살아 숨 쉬는 감각
이다. 이제, 성찰하기를 통해 이 연결된 감각에 조용히 귀 기울
여 보자.

〈성찰하기 1〉 생태슬픔에 공명하기

자신의 내면의 경험에 주의를 기울이면서 질문에 대해 적어보세요. 지금 떠
오르는 장면, 감정, 몸의 느낌에 집중해 보세요. 때로 그것은 말하고 싶었지
만 말하지 못했던 이야기일 수도 있습니다. 무엇이든 있는 그대로 표현해 보
세요.

■ 감정에 대한 성찰

- 자연의 변화나 파괴를 목격하고 슬픔이나 무력감을 느꼈던 적이 있나요?

- 그 감정은 당신 안에서 어떤 모양으로 남아있나요?

- 그 감정을 누군가와 나눈 적이 있나요?

- 그때 어떤 반응을 받았고, 그것은 당신에게 어떤 영향을 주었나요?

- 애도하지 못한 자연의 상실이 있다면, 그것은 무엇인가요?

■ 몸에 대한 성찰

- 그 경험 이후, 당신의 몸은 어떤 반응을 했나요?(예: 가슴이 답답해졌다, 눈물이
  났다, 잠이 오지 않았다. 등)

- 지금, 이 글을 읽으며 당신의 몸 어딘가에서 반응이 느껴지나요?

- 그렇다면 그것은 어디인가요? 어떤 느낌인가요?

■ 관계에 대한 성찰

- 당신이 속한 가족, 조직, 공동체는 감정을 표현하고 나눌 수 있는 안전한 공간
  인가요?

- 혹시 '너무 예민하다', '유별나다'는 말을 듣고 감정을 억누른 경험이 있나요?

- 그때 당신은 어떤 마음이었나요?

■ 세계관에 대한 성찰

- 지구는 하나의 유기체라는 말에 어떤 감정이 드나요?

- 당신은 그 유기체의 어떤 부분일까요?

- 생태슬픔을 느끼는 자신을 사회 혹은 공동체가 'IP(명명된 환자)'로 만들고 있지
  는 않나요?

- 당신 안에 아직 말하지 못한 자연의 목소리가 있다면, 그것은 지금 어떤 이야
  기를 하고 있나요?

지구와 연결하기

　기후변화는 이미 폭염·폭우·대형 태풍과 같은 극단적 기후 현상을 증가시키고 있으며, 감염병·영양실조·열 스트레스 같은 건강 위협을 동반한다.

　이러한 변화는 단순한 환경문제가 아니라 인간의 정신 건강에 깊은 영향을 미치는 위기이다. 폭염·홍수·가뭄·태풍과 같은 자연재해가 반복되면서 많은 이들이 불안·우울·불면을 겪고 있으며, 외상 후 스트레스 장애(PTSD)[2] 수준의 심리적 고통을 경험하기도 한다.

　AEDP(가속성경험적 역동심리치료)[3]를 개발한 심리학자 다이애

2　외상 후 스트레스 장애. 충격적 사건 이후 강렬한 두려움, 무기력, 공포, 반복적 재경험 등의 증상이 나타나는 심리적 고통. American Psychiatric Association. (2013). DSM-5: Diagnostic and Statistical Manual of Mental Disorders, 『DSM-5 간편 정신질환진단통계편람』, APA, 학지사, 2018.

3　AEDP(Accelerated Experiential Dynamic Psychotherapy) : 다이애나 포샤 박사에 의해 개발된 트라우마 심리치료기법으로, 압도적인 감정을 처리하도록 돕고, 뇌신경가소성에서 긍정적 변화를 일으키는 교정적 정서적, 관계적 경험을 촉진하는 방식으로 환자의 심리적 고통을 완화하는 것을 목표로하는 심리치료 모델이다. 출처 : AEDP INSTITUTE(https://aedpinstitute.org), Fosha, D. (2000). The Transforming Power of

나 포샤는, 트라우마란 단지 충격적인 사건이 아니라 "완전한 외로움 속에서 압도적인 감정을 혼자 감당해야 할 때 발생한다"고 말한다. 즉, 정서적 고통보다 더 본질적인 문제는 고통을 겪는 동안 혼자였다는 사실이다.

이러한 관점은 생태 위기 속에서 사람들이 겪는 깊은 정서적 고통, 즉 '생태슬픔' 역시 '연결 단절의 고통'임을 보여준다. 따라서 PTSD를 비롯한 생태적 트라우마를 회복하기 위해서는 단지 안정만을 회복하는 것이 아니라, 더 큰 생명과의 연결감을 회복하는 경험이 필요하다.

트라우마 치유에서 중요한 것은 '정서적 연결감'이다. 생태슬픔을 단절된 감각을 회복하기 위한 '지구와 다시 연결하는 감각'으로 기후위기를 극복하기 위한 여정에 함께 하자는 제안으로 느껴보는 것은 어떨까?

말라마 아이나(Mālama ʻĀina)는 그 여정의 살아 있는 철학적 기반이 될 수 있다. 하와이 원주민들은 '말라마 아이나(Mālama

Affect; PsychologyToday.com ("Accelerated Experiential Dynamic Psychotherapy")

'Āina, 땅을 돌보는 것)⁴라는 철학을 통해 땅과 생명을 돌보는 삶을 실천해 왔다. 그들은 자연의 자원을 함부로 취하지 않았고, 자연과의 연결감 속에서 존재하는 법을 알고 있었다. 그들의 삶은 인간뿐 아니라 모든 생명체와의 관계 속에서 이루어졌으며, 자연과의 서로 돌봄은 곧 인간 자신을 치유하는 길이기도 했다.

말라마 아이나는 현대에도 실천되고 있다. 산호초 복원 프로그램, 지역 생태 보전 활동, 플라스틱 절감 등 다양한 생태적 실천이 이어지고 있다. 이들은 자연을 보호하는 것을 넘어서, 생명과 공존하고 지속 가능한 미래를 함께 만들어 가고자 한다.

필자가 매년 동일한 대학 캠퍼스 공간에서 자연 명상 프로그램을 진행하며 이러한 말라마 아이나(Mālama 'Āina)의 정신을 일상에서 경험하게 하고 있다. 자연 명상은 늘 바쁘게 지나다니던 교정의 모퉁이, 잔디밭과 나무들 사이에서 진행한다. 눈을

---

4 하와이 원주민의 전통적 생태철학. '땅을 돌보는 것'을 의미하며, 땅과 인간은 상호 돌봄의 관계에 있다는 자연 중심적 삶의 태도를 나타낸다. 이는 하와이인들의 영성, 공동체성, 생태윤리의 근간이 된다. Meyer, M. (2003). Ho'oulu: Our Time of Becoming; Hawai'i State Department of Education.

감고 가만히 집중하면 비어 보이던 그 공간이 가득 차 있다는
걸 발견하게 된다. 수많은 새소리, 들풀의 향기, 따뜻한 햇살,
나무와 풀들로 생생히 살아 있는 자연을 경험한다. 명상 참여
자들은 그 공간이 전혀 다르게 느껴진다고 신기해했다. 국립공
원 같은 깊은 자연이 아닌 일상의 공간에서도 자연과 다시 연결
되고 있음을 깨닫는다. 그후에 참여자들 중 일부는 학교의 잔
디밭 혹은 늘 오가던 천변 등 자신의 일상에서 혼자서 자연 명
상을 한 경험을 했다는 명상 후기를 알려주었다.

기후위기를 극복하기 위해서는 무기력과 죄책감을 개인이
감당해야 할 부담으로 남겨 두지 말아야 한다. 서로를 지지하
고 지지받고 인간뿐 아니라, 무수한 비인간 존재들까지 연결되
어 있음을 느껴보자. 일상에서 말라마 아이나(Mālama ‘Āina)를
실천하는 삶은 자연을 아끼는 것이자, 나 자신을 존중하고 연결
감을 회복하는 길이 된다.

아래 성찰하기는 말라마 아이나의 정신을 자신의 일상에서
체험하는데 도움이 될 수 있다. 자연과 다시 연결되기 위한 몸
과 마음의 여정을 함께 따라가 보자.

〈성찰하기 2〉 자연과 다시 연결되기 - 감각과 관계의 회복

우리는 본래 자연과 분리된 존재가 아니었습니다. 이 시간은 '다시 연결됨'을 기억하고, 내 안에 살아 있는 자연과의 관계성을 감각해 보는 성찰의 여정입니다.

■ 감각의 회복
- 지금 떠오르는 가장 따뜻한 자연의 기억은 무엇인가요?
- 그때 어떤 냄새, 소리, 색깔, 감촉이 있었나요?
- 최근에 자연을 가장 가까이서 느꼈던 순간은 언제였나요?
- 그때 당신의 몸과 마음은 어땠나요?
- 눈을 감고, 당신 안에 '자연과 연결된 채 숨 쉬는 존재로서의 나'를 떠올려 보세요.
- 어떤 장면이 떠오르나요?

■ 생명과의 관계성
- 당신의 일상에서 돌보거나 돌봄받는 존재는 누구인가요?
- 당신이 속한 생태계에서 '당신의 자리'는 어디라고 느껴지나요?
- 당신은 자연에게 무엇을 받았고, 무엇을 돌려주었나요?
- 자연과 나눈 고요한 대화나 교감의 순간이 있다면 적어보세요.

■ 존재의 확장
- '나는 자연이다'라는 말이 지금 당신에게 어떤 울림을 주나요?
- 당신이 어떤 생명체(식물, 동물, 풍경)라고 상상한다면, 지금은 어떤 모습일까요?
- 그 존재로서 지금의 세상을 어떻게 느끼고 있나요?
- 자연과 다시 연결된다고 느낄 때, 당신의 삶에 어떤 변화가 일어날 수 있을까요?

생태슬픔을 마주하고, 몸과 마음의 역량 키우기

내면의 소리 듣기

자연과의 연결에서 얻은 변화의 다음 여정은 자기 내면에 자리한 생태슬픔을 인식하는 것이다. 그리고 그 슬픔과 직면하지 못하게 막는 내적 장애물을 살펴보는 일이다. 인간은 위기에 직면할 때, 극복하기보다 회피하거나 왜곡하려고 한다. 감당하기 어려운 감정을 해결하기 위한 가장 본능적인 방법이다. 그러나 본능적이기에 가장 손쉬운 이 방법은 나중에 더 비싼 대가를 치르게 한다. 우리가 생태슬픔을 직면하지 못하게 하는 내면의 방해물을 좀 더 이해할 필요가 있다.

내면의 장애물을 '방어기제'라고 부른다. 방어기제는 인간이 불안을 느끼는 상황에서 자아를 보호하기 위해 무의식적으로 작동된다. 자연이 심각하게 훼손되고 있는 것을 알았을 때 자신과 관련이 없는 일처럼 여기거나 더 심하게는 마치 그런 일은 없는 것처럼 여기는 이유는 우리 내면에서 방어기제가 작동하기 때문이다. 기후위기의 불편한 진실을 직면하는 것을 피하기

위해 억압, 부인, 투사, 합리화, 주지화의 방어기제[5]를 사용한다.(Walsh,2008)

조애나 메이시(Joana Macy)는 인간의 이런 모습을 마음과 정신의 마비라고 표현하였다.[6] 지구의 고통에 슬픔을 느끼지 못하거나, 그런 감정을 표현하는 사람이 불편하게 느껴진다면, 마음 안에 감정의 마비가 자리하고 있을 수 있다는 것이다. 지구가 오염되고 파괴되고 생명체들이 멸종해 가는 소식을 들을 때 어떤 감정이 드는가? 슬픔, 분노, 불안, 공포, 절망, 무력감, 참담함, 비통함이 느껴지는가? 그런 감정은 자연스러운 감정이다.

---

5 방어기제(Defense Mechanism): 불안하거나 고통스러운 감정을 피하려 할 때, 무의식적으로 작동하는 마음의 보호 반응이다. 억압, 부인, 투사, 합리화, 주지화 등이 있다.
  - 억압: 힘든 기억을 무의식 속에 밀어 넣음
  - 부인: 받아들이기 어려운 현실을 "그럴 리 없어" 하며 외면함
  - 투사: 자신의 감정을 다른 사람 탓으로 돌림("쟤는 왜 이렇게 화가 났지?" 사실은 내가 화가 나 있음)
  - 합리화: 감정보다는 그럴듯한 이유로 포장함("환경은 중요한데 나는 아직 준비가 안 됐을 뿐이야.")
  - 주지화: 느끼는 대신 머리로만 분석함("지금 이 상황은 시스템 구조의 문제지 감정은 필요 없어.")
6 조애나 메이시, 몰리 영 브라운, 이은숙 역, 『생명으로 돌아가기-기후위기 시대 거대한 전환을 위한 안내서』, 모과나무, 2020.

이런 고통스런 감정을 느끼지 않기 위해 마음을 마비시키고 방어하는 데 사실은 엄청난 에너지가 쓰인다. 방어에 쓰던 에너지는 전환의 에너지로 쓸 수 있다. 도시화와 산업화는 생태슬픔의 대표적인 외부적 원인인데 그것은 단지 외부에만 존재하는 것이 아니다. 도시화와 산업화는 마음 안에도 있다. 필자는 산업화의 상징이라 할 수 있는 도시, 울산에서 성장했다. 정부 주도의 경제 개발 정책은 생태계를 오염시키고 파괴하면서 동시에 도시의 발전과 물질적 풍요를 가져왔다.

토마스 베리(Thomas Berry)[7]는 우리 무의식 깊숙한 곳에 산업 사회의 성공 신화가 있음을 지적했다. 생태적 삶을 살기 위해 풍요로운 삶을 포기해야 할지도 모른다는 두려움이 필자의 마음속에 느껴졌다.

그러나 생태적 삶은 단순한 절제가 아니다. 그것은 자동화된 사고와 태도를 넘어서 깨어있는 방식으로 살아가는 것이다. 생

---

7 토마스 베리는 생태 신학자이자 문화 역사가로, 현대 산업문명이 인간 중심주의적 신화를 바탕으로 자연과의 분리를 정당화해 왔다고 비판한다. 그는 인간이 자연의 지배자가 아니라 지구 공동체의 일원이라는 새로운 우주적 정체성을 받아들여야 한다고 주장했다. 토마스 베리 저, 맹영선 옮김, 『지구의 꿈』, 대화문화아카데미, 2013.

태적 삶과 익숙한 삶 사이에서의 양가감정이 내면에 있다.

"아, 내 안에 죄의식이 있구나."

"두려움이 있구나."

"욕망이 있구나."

이것들을 알아차리고, 변화의 의도를 세우며 실천하는 것. 그 것이 전환의 첫 단추다.

몸은 자연이다. 몸의 감각은 생태적 연결감을 회복하는 열쇠다

이러한 위기 속에서 우리가 살아남고 회복하기 위해서는 먼 저 무의식적으로 작동하는 신체의 방어 반응을 알아차려야 한 다. 몸의 신호를 듣는 일이 깨어있음과 회복의 열쇠다.

스티븐 W. 포지스 박사는 다미주 이론(Polyvagal Theory, 스티 븐 포지스가 제안한 이론으로, 몸이 위협을 느낄 때 싸움·도피, 마비, 사 회적 교감 반응 중 하나로 반응한다는 생리적 이론. 회복을 위해선 몸 이 '안전하다'고 느끼는 것이 핵심이다.)[8]으로 스트레스 상황에서 몸

---

8 스티븐 W. 포지스, 『다미주이론』, 위즈덤하우스, 2020.

이 어떻게 위협을 감지하고 반응하는지를 설명한다. 몸은 거짓말탐지기처럼 위험을 읽어 내고, 싸움-도피-마비 반응을 일으킨다. 포지스 박사는 인간이 긍정적인 경험을 최적화할 수 있는 생리적 상태를 회복하는 길도 제시한다. 그 길은 단절을 넘어서 타인과 연결되고 상호 조절하는 관계를 만들어 가는 것이다. 이를 위해서는 먼저 지금 내 몸이 편안하고 안전한지, 혹은 불안하고 위협을 느끼고 있는지를 섬세하게 느끼고 존중해야 한다.

포지스 박사는 불안정한 세상에서 신뢰할 만한 관계성과 안전한 환경이 회복의 핵심이라고 강조한다. 그리고 그 중심에는 '자연 그 자체'로서의 우리 몸이 있다. 자연 속 걷기 명상처럼, 몸의 감각을 통해 경험된 자연과의 연결감은 비록 자연으로부터 떨어져 있을 때도 그 경험을 다시 불러올 수 있도록 도와준다.

이러한 관점은 생태위기 속의 신체 반응을 극복해야 할 문제가 아니라, 우리에게 주어진 모든 생명적 조건과 관계를 존중하는 전환된 삶의 자세를 요청하는 것으로 본다.

우리 내면에 생태슬픔이 있는지 묻고 그것을 느끼지 못하도록 막고 있는 방어기제(마비, 무기력, 회피 등)를 인식해보라. 그리고 우리의 몸과 마음의 감각을 생생히 느껴보자. 그 질문을 혼자서 할 수도 있고 집단에서 나눌 수도 있다. 서로의 대답을 들어주는 과정에서 우리가 깊이 연결되어 있다는 감각이 일깨워질 수도 있다. 누군가의 이야기에 관심을 기울이고 공감하는 경험이 어떻게 느껴지는가? 그리고 나의 이야기를 듣는 상대방의 마음을 느껴보라. 이 관계성의 감각에도 주의를 기울여 보자.

몸은 기억하고 있고, 마음은 반응하고 있으며, 슬픔은 아직 살아 있다.

이제, 그 연결감에 다시 귀를 기울일 시간이다.

〈성찰하기 3〉 몸과 마음의 신호에 귀 기울이기

이 성찰은 당신의 내면과 몸에 깃든 생태슬픔과 연결감의 흔적을 더 섬세하게 들여다보는 여정입니다. 다음 질문들을 천천히 읽으며, 떠오르는 감각이나 기억, 느낌을 글로 적어 보세요.

■ 방어기제 인식하기
- 기후위기나 생태 파괴에 관한 소식을 들을 때, 당신은 어떤 감정이나 반응을 가장 자주 느끼나요?
- 혹시 그런 감정을 느끼지 않기 위해 '애써 무시하거나', '지금은 바쁘니까 나중에 생각하자'는 식으로 피한 적이 있나요?

- 방어기제가 작동하고 있다는 걸 알아차린 적이 있다면, 그 순간의 당신의 몸
  은 어떤 상태였나요?

■ 몸의 언어에 귀 기울이기
- 최근 당신의 몸이 "무언가 이상하다"거나 "뭔가 말하고 있다"고 느껴졌던 순
  간이 있다면, 언제였나요?
- 그 감각은 어디에서 시작되었나요? (예: 가슴, 위, 목, 등)
- 자연 속에서 몸이 가장 편안했던 기억이 있다면, 그때 몸은 어떻게 반응했나
  요?

■ 신뢰와 연결의 회복
- 지금 당신의 삶에서 '신뢰할 수 있는 존재'는 누구인가요? 또는 어떤 공간인
  가요?
- 그 존재나 장소와 함께 있을 때, 당신의 몸과 마음은 어떻게 느끼나요?
- 자연을 그 '신뢰할 수 있는 존재'로 받아들여 본다면, 어떤 느낌이 드나요?

■ 전환의 의지 점화하기
- 당신의 삶에서 '전환의 에너지'가 피어오르던 순간이 있다면, 그것은 어떤 상
  황이었나요?
- 생태적 삶을 선택하는 데 있어 당신 안의 가장 큰 저항은 무엇인가요?
- 그 저항을 마주하면서도 '내가 지키고 싶은 가치'는 무엇인가요?
- 지금 당신이 시작할 수 있는 아주 작은 실천 하나를 떠올려 보세요. 그리고 그
  실천이 삶에 가져다 줄 변화를 상상해 보세요.

생태 의식 확장하기

인간, 자연을 객체로 인식해 온 오랜 시선

서양 철학과 종교 전통은 자연과 지구를 인간의 정복 대상이나 이용 가능한 객체로 인식해 왔다. 린 화이트 2세(Lynn White Jr.)는 「생태계 위기의 역사적 기원」에서 서양 기독교 전통이 환경 위기의 뿌리라고 지적하며, 서양 사회가 기존의 종교와 세계관을 넘어선 새로운 패러다임을 수용해야 한다고 주장했다.

현대 과학 문명은 인간 중심적인 오만한 인식을 기반으로 세워졌다. 따라서 더 발전된 기술만으로 생태위기를 해결하려는 것은 헛된 희망일 수 있다. 생태계를 '그것(It)'이 아닌 '우리(We)'의 일부로 인식하는 관계적 관점이 필요하며, 더 나아가 인간과 자연 사이의 경계를 지우는 인식의 전환이 요청된다.

생태적 자아: 인간의 본래 연결 감각

매슬로는 인간의 가장 고차원적인 욕구를 '우주와의 동일시'라고 설명했다. 자연과 하나가 되고자 하는 마음은 인간 본성 깊숙한 곳에 자리하고 있다. 자연과 합일의 감정, 나와 자연의 경계가 사라지는 경험은 생태위기 속에서도 희망의 가능성을 만들어 낸다. 지속 가능한 생태적 행동 변화는 기술이나 제도에 앞서, 의식의 대전환에서 비롯된다. 이는 개인주의적 자아를 넘어서 생태주의적 자아로 확장되는 과정이며, 그 과정에서 인간은 더욱 깊고 넓은 세계와 연결되기 시작한다.

피상적 생태학을 넘어 심층생태학으로

Ness는 1973년, 기존 생태학이 피상적인 환경문제 해결에 그치고 있다고 비판하며 '심층생태학(deep ecology, 생태위기를 단순히 기술적·정책적으로 해결하려는 접근을 넘어, 인간과 자연의 본질적 관계와 의식 수준의 변화를 강조하는 생태철학)'[9]이라는 개념을 제안했다. 그는 생태위기의 해결 방식보다 이 문제를 대하는 우리의 태도가 훨씬 더 근본적 문제라고 보았다. 워릭 폭스(Warwick Fox)는『트랜스퍼스널 생태학』에서 인간 의식 차원에서의 심층적 전환이 없다면 지속 가능한 변화는 어렵다고 강조한다.

진정한 생태적 전환은 인간이 생태계와 어떤 관계를 맺고 있는가, 인간의 의식이 세계를 어떻게 바라보는가에 달려 있다.

---

9 문윤형, 「Ness의 심층 생태학과 자아실현」, 생태적지혜연구소 홈페이지, 2021.

켄 윌버(Ken Wilber)는 의식의 발달 단계를 통해 생태적 자아가 비이원(Non-dual Consciousness)의식[10]으로 단계별로 확장된다고 설명한다. 비이원 의식 상태에서는 시애틀 추장이 워싱턴의 대추장에게 보내는 편지에서 '우리는 땅의 일부요, 땅은 우리의 일부다'라고 썼던 것 처럼, 너와 내가 둘이 아닌 상태를 경험한다. 이 지혜로운 아메리카 선주민의 관점은 '나'와 '세계', '우리'의 경계를 넘어서는 비전을 제공한다.

이러한 생태 의식의 전환은 단지 인식의 변화에 머무르지 않고, 구체적인 체험과 실천을 통해 더욱 깊어질 수 있다. 특히 인간과 자연, 그리고 세대 간의 관계를 회복하는 체험적 접근은 생태 위기를 '나의 문제'로 느끼게 하고, 치유와 전환의 가능성을 현실로 이끌어낸다. 다음에 소개할 '생태 세우기' 치유 세션은 이러한 통합적 관점을 바탕으로 한 가족세우기 기법을 활용해, 생태슬픔을 공감하고 세대 간 연결을 회복하는 과정을 담고 있다.

---

10 Ken Wilber (2000). Integral Psychology: Consciousness, Spirit, Psychology, Therapy, Shambhala.
켄 윌버, 『캔 윌버의 통합심리학』, 학지사, 2008.

생태 세우기

가족세우기(Family Constellation)는 독일 출신의 헬링거 박사가 가족, 국가, 민족의 상처를 치유하며 제시한 독창적 방법이다. 세대 간 트라우마 전이와 집단 무의식의 장(field)[11] 을 다루며 참가자들은 특정 역할을 맡아 자신의 의지나 생각이 아닌, 몸의 충동에 따라 움직인다. 이 과정에서 의뢰인이 호소하는 문제의 보이지 않던 감정·관계·역할의 흐름이 드러난다.

치유 세션을 통해 우리 사회가 겪는 생태 위기와 시스템의 단절을 '가족세우기'를 통해 장(field)에서 바라보고자 했다.

'개인, 기업, 정부, 지구' 이 네 존재가 어떻게 연결되어 있고, 어디서 끊어져 있는지를 알아보기 위해, '장'에서 드러나는 모습을 있는 그대로 관찰하는 것이 이 세션의 핵심이었다.

---

11 가족세우기에서 말하는 '장'은 개인의 의식 차원을 넘어서 집단 전체가 공유하는 무의식적 정서, 기억, 정보가 드러나는 공간을 의미한다. 이 장 안에서는 참가자들이 자신의 의지와 관계없이 특정 위치에 서게 되거나 감정을 경험하며, 이는 무의식에 저장된 가족 시스템의 진실이 드러나는 과정으로 해석된다. Hellinger, B. (2003). Love's Hidden Symmetry: What Makes Love Work in Relationships. Zeig, Tucker & Theisen., 유명화 (2020), 트라우마 대물림을 치유하는 법, 김영사.

초기 흐름: 움직이지 않는 장

세션 초반, 필자는 촉진자로 개인·기업·정부 3인의 대역을 세웠다. 세 명의 대역들은 서로를 경계하며 제자리에 머물렀다. 가까이 가고 싶지만, 두려움 혹은 책임 회피의 감정이 몸을 막고 있었다. '정부' 대역은 "무언가를 해야 한다는 압박감이 있지만, 너무 무겁고 혼자 같다"고 말했고, '기업' 대역은 "책임을 지고 싶지 않다, 정당화하고 싶은 마음이 든다"고 했다. '개인'대역은 "피해자처럼 느껴지지만, 동시에 나도 가해자 같았다"고 했다.

대역들이 움직임이 없을 때, 이는 단순히 '정지 상태'로 보이지만 실제로는 의미심장한 신호일 때가 많다. 이 세션을 봤을 때 생명 시스템 전체가 정지된 상태, 즉 생명력의 흐름이 막혀 있는 상태로 보였다. 마치 생명 시스템 자체가 고통으로 얼어붙은 채, 해결책을 찾지 못한 지금의 모습을 보여주는 것 같았다.

전환의 순간: 지구가 등장하다

장에서 움직임이 일어나지 않았기 때문에 필자는 즉흥적으로 '지구' 역할을 세웠다. '지구'가 장에 들어서는 순간, 그전까지 정지해 있던 장이 조금씩 움직이기 시작했다. 서로를 향하던 시선이 모두 지구를 향했고, 가장 먼저 '개인' 대역이 지구를 향해 한 발 내디뎠다.

'지구' 대역은 아무런 말도 말하지 않았다. 그저 장의 중앙에 서 있었다. 그럼에도 큰 존재감이 느껴졌다. 그러자 '정부'와 '기업'도 조심스럽게 움직였다.

이때 누군가 말했다.

"지구가 말한 건 아무것도 없는데, 우리가 움직이기 시작했어요."

그 순간 장에 정서적 전류가 흘렀다. 지구는 객체가 아니라 관계와 변화를 촉발하는 주체였던 것이다.

통찰

세션에 참여했던 대역들의 느낌에 대해 나누었다. "개인-정부-기업은 서로를 믿지 못하고 있었다. 하지만 지구가 들어오자, 모두가 연결되기 시작했다.", "우리는 지구를 보호해야 할 대상으로만 여겨왔지, 함께 변화를 만들 동료로 여기지 않았다.", "지구를 느끼는 순간, 내 안의 죄책감과 욕망이 드러났다. 하지만 동시에 어떤 회복의 가능성도 느꼈다."

세션 후기

이 세션은 필자를 포함한 가족세우기 촉진자 4명이 함께한 깊은 탐색의 시간이었다. 처음에는 각자가 '개인', '기업', '정부'라는 역할을 맡아 '장(field)' 안에 섰다. 여기서 말하는 '장에 선다'는 것은 단순히 역할극을 한다는 의미가 아니다. 가족 세우기에서의 장은 모든 존재가 얽혀 있는 관계의 장, 마치 인드라망처럼 서로를 비추는 살아 있는 공간이다.

이곳에서는 참여자의 '에고'나 논리적 사고가 중심이 되지 않는다. 대신, 몸이 기억하고 있는 감각, 감정, 충동이 중심이 된다. 각자는 자신이 맡은 역할을 생각으로 연기하는 것이 아니라, 몸의 깊은 층위에서 올라오는 움직임과 느낌을 따라 장 안에 자리를 잡고 관계를 만들어 간다.

이처럼 개인은 단지 '자기 자신'이 아니라, 세계와 시대의 어떤 단면을 반영하는 거울이자 매개체가 된다.

이 세션은 그렇게 '지구'라는 주체가 장에 들어오기 전과 후의 전혀 다른 역동을 통해 진정한 변화는 어디에서 오는가라는 질문에 대한 깊은 통찰을 가능하게 했다.

세션 초반, '개인', '기업', '정부' 세 역할이 장에 섰을 때 각자는 서로를 경계하며 움직이지 않았다. 장 안은 고요했지만 그 고요는 막힘과 단절에서 비롯된 것이었다. 각자의 입장은 분명했으나 관계의 흐름은 닫혀 있었고, 누구도 먼저 움직이지 않았다.

이후 '지구'라는 역할이 장에 추가되면서 분위기에 변화가 일어났다. '지구'가 장에 들어서자 정적인 침묵은 미세한 떨림과 관계의 움직임으로 바뀌었다. 이전까지 서로를 바라보지 않던 '개인', '기업', '정부'가 조심스레 서로를 인식하고, 다가가기 시작했다.

이 세션에서 '지구'는 방관자나 문제의 대상이 아니라 변화의 중심에 있는 존재로 작용했다. 지구가 장 안에 주체로 참여하자, 고립되어 있던 존재들이 서로를 보기 시작했고, 관계의 방향이 열리기 시작했다.

이 경험은 변화가 단지 인간의 노력으로만 만들어지는 것이 아니라, 지구라는 존재를 동등한 주체로 인식할 때 비로소 움직임이 생길 수 있다는 점을 보여준다. 이는 생태적 전환 또한 인간 중심에서 벗어나 관계 중심, 생명 중심의 시선으로 확장될 때 가능하다는 깊은 통찰을 남긴다.

생명의 편에 서기

지구는 하나의 유기체이며, 인간 역시 그 일부이다. 우리는 새로운 연결을 만들 필요가 없다. 단지, 이미 연결되어 있었음을 경험하면 된다. 심리학은 개인의 내면에서 출발한다. 지금 우리가 마주한 생태 위기는 수치로 환산된 통계가 아니라, 한 사람의 삶의 이야기 속에서 더 잘 드러난다. 진실한 이야기는 감정의 파동을 만들고, 그 파동이 다른 사람의 내면을 흔든다. 한 사람의 이야기를 진심으로 들어주는 태도는 그 이야기를 더 깊고 넓게 펼쳐지게 한다. 우리가 서로의 이야기에 시간을 내어 귀 기울일 때, 생태 위기는 더 이상 추상적인 문제가 아니라 살아 있는 경험으로 다가온다.

우리가 '생태슬픔'이라고 부르는 감정은, 어쩌면 지구라는 유기체가 인간이라는 감각을 통해 느끼는 고통일지도 모른다. 지구가 우리를 통해 스스로를 돌아보고, 견고한 산업 사회의 신화에 질문을 던지기 시작한 것이다. 이것은 '인간이 지구를 구하는 것'과는 전혀 다른 체험이다. 지구가 스스로 생명의 대전환을 자각하고 있는 것이다. 우리 각자가 작은 이야기 하나를 나누는 것이 지구의 자각에 참여하는 시작이다.

영성의 관점에서 보면 우리의 힘은 지금 자신이 가진 것에 제한되지 않는다. 우리는 에고를 넘어선 존재이며, 본래부터 생명 시스템 전체와 연결되어 있다. 조애나 메이시는 말한다.

"우리는 동물과 식물, 바위와 바람의 친족이며, 이 거룩한 세상의 힘을 빌려 이 세상을 치유하는 데 참여할 수 있다."

만약 파괴적인 힘이 두렵다면, 지구의 생명 시스템이 간직한 오랜 생명력과 연결되어 보라. 그 힘은 이미 우리 안에도 있다.

〈성찰하기 4〉 생태적 자아로 확장되기 위한 첫걸음

이 질문들은 생태 위기라는 현실 속에서, 인간으로서의 나를 더 깊고 넓은 맥락에서 바라보도록 초대합니다. 우주와 지구의 오랜 역사 속에서 내가 어떤 존재인지, 나의 감각과 감정, 삶이 어떤 의미를 가지는지 함께 성찰해 봅니다.
답을 '생각'으로 하지 않아도 괜찮습니다. 몸의 감각, 떠오르는 이미지, 혹은 잠시 머무는 침묵도 귀한 응답이 될 수 있습니다.

1. 자연이 '너'가 아닌 '나'일 수 있다면, 나는 누구입니까?
   당신 안에 이미 존재하는 숲, 바람, 물, 동물의 감각은 무엇을 기억하고 있나요?
2. 당신은 자연의 어떤 감각기관인가요?
   당신이 느끼는 공기, 빛, 고요함은 지구가 당신을 통해 경험하고 있는 것일 수 있습니다.

지금 이 순간, 당신은 무엇을 대신 느끼고 있나요?

3. 당신이 지금 느끼는 가장 작은 생명의 감각 하나를 떠올려보세요. (예: 빗방울, 바람결, 흙 냄새, 씨앗) 그 감각은 지금, 어떤 메시지를 당신에게 속삭이고 있나요?

4. 당신이 사라진 후에도 계속 이어졌으면 하는 생명의 감각은 무엇인가요? 그것은 지금 어디에 있습니까? 몸 안에, 기억 속에, 혹은 아직 말해지지 않은 이야기 속에?

5. 자연이 인간을 통해 자신을 인식하고 있다는 토마스 베리의 말처럼, 지금 이 순간 당신 안에서 자연이 '깨닫고 있는 것'은 무엇인가요?

6. 당신은 지금까지 자연을 대하는 방식을 누구로부터 배웠나요? 그 배움은 지금도 유효한가요, 아니면 다시 묻고 바꾸어야 할 시간이 되었나요?

7. 당신은 자연을 '이용 가능한 자원'이 아니라 '존재의 조상(ancestor)'으로 여겨본 적이 있나요? 나를 가능하게 한 조상으로서의 땅, 바다, 공기, 돌… 그들에게 어떤 말을 전하고 싶나요?

8. 인간이란 종(種)이 지구에게 배워야 할 가장 근원적인 덕목은 무엇이라 생각하나요? 그리고 나는 그것을 지금 내 삶에서 어떻게 실천하고 있나요?

생태슬픔을 넘어

마음의 이야기는 언제나 소수의 관심사에 머물러 왔습니다. 우리는 늘 생존과 일상의 급박한 문제에 밀려, 마음의 문제를 뒷전으로 미루기 일쑤였습니다. 상실로 인한 깊은 정서적 고통을 경험했을 때도 상황은 크게 다르지 않습니다. 오히려 감당할 수 없는 감정에 사람들은 어쩔 줄 모른 채 마치 없는 듯 구는 일이 다반사입니다. 그중에서도 생태슬픔은 더더욱 낯설게 느껴집니다. 그러나 이 낯선 주제와 눈 맞추어 마주하는 순간, 우리는 나와 자연, 그리고 공동체의 상처가 다르지 않다는 사실을 발견합니다.

저는 이 주제에 대한 글쓰기를 제안받았을 때 반가움과 걱정이 동시에 들었습니다. 누군가 이 이야기를 함께 고민하고 있다는 사실이 위로가 되었지만, 과연 어떻게 해야 독자와 청중의 마음을 움직일 수 있을지 막막했습니다.

생태에 대해 설명할수록, 저는 종종 상대와 나 사이의 보이지 않는 벽을 느꼈습니다. 사실 마음의 문제는 애초에 언어로 온전히 설명되기 어렵습니다. 빠른 성장과 효율의 시대에 '생태적 슬픔', '자연스러운 삶' 같은 단어가 얼마나 생경하고, 때로는 외국어처럼 들릴지 알고 있습니다.

마음의 문제를 이해하기 위해서는 우리의 감각을 통해 이것을 경험하는 수 밖에 없습니다. 명상을 지도하며 서로의 등에 손을 얹고 호흡을 느끼는 프로그램을 진행한 적이 있습니다. 참여자 한 분이 이런 소감을 이야기했습니다. 방금 전 까지는 낯선 사람일 뿐이었는데 이 경험을 하는 동안 내 앞의 사람이 살아 있는 생명체로 느껴졌다고 합니다. 생태는 이처럼 언어가 아니라 몸과 감각을 통해 경험되어야 합니다. 다행히 이 길을 함께하는 동료들이 있었습니다. 고 신승철 생태적지혜연구소 소장과 '생태적지혜연구소'의 이나경, 유정길, 문윤형은 글과 강의에서뿐만 아니라 삶의 태도 속에서 생태적 지혜가 무엇인지를 보여주었습니다. 연구소에서의 경험은 "우리는 이미 연결되어 있었다"는 사실을 새삼 확인하게 해주었습니다. 그 연결망이야말로 곧 생태임을 알게 되었습니다.

이 책을 함께 쓰기 전에 이나경 수녀의 '생태슬픔' 강의를 들었습니다. '생태슬픔(ecological grief)' 또는 '기후우울(climate grief)'을 단순한 심리적 병리 현상이 아닌 , 기후위기라는 실존적 위협에 대한 '자연스럽고 건강한 반응'으로 정의합니다. 전 지구적 위기에 죄책감을 느끼고 아파하는 우리에게 '괜찮다'고, '너무도 당연하다'고 느낄 수 있게 해주는 소중한 시간이었습니다. 우리가 무엇을 잃고 있는지, 무엇을 사랑하는지를 알려주었습니다. 본질적으로 "사랑하기 때문에 아픈 것"이라는 말이 오래 도록 마음을 울렸습니다.

고 신승철 소장은 기후위기가 본질적으로 '마음의 위기'이자 '이야기의 위기'라고 진단합니다.

'탄소발자국(carbon footprint)' 개념은 개인이 아닌 대기업에 실제 책임이 있음에도 불구하고 , 개인에게 죄책감을 전가하려는 기만적인 캠페인이라고 비판합니다. 또 정보는 넘쳐나지만, 사람들이 행동(어떻게 해야 하는가?)으로 나아가지 못하는 것은 이를 엮어줄 '이야기(narrative)'가 부재하기 때문이라고 지적합니다. 우리는 '마음의 생태학(ecology of mind)'을 들여다보며 주체성 생산을 이뤄내야 한다고 했습니다.

처음 이 글을 쓰기 시작한 이후 몇 년의 시간이 흐르는 동안 우리에게는 큰 슬픔이 있었습니다. 신승철 생태적지혜연구소 소장이 갑작스레 지구어머니의 품으로 먼저 돌아가셨습니다.

그러나 우리는 그 슬픔을 가장 생태적인 방식으로 안았습니다. '신승철 다시 읽기' 모임을 통해 그의 저서를 다시 읽었고 , 신승철이 연구했던 생태 개념어를 정리하고, 학술 토론을 하고, 생태밥상을 나누고 서클댄스를 추고 추모음악을 들었습니다. 각자가 자기다운 모습으로 추모하는 장면을 보며 '주체성 생산이라는 것이 이런 것이구나.' 생각했습니다. 애도를 통해 나 자신, 주변사람, 자연과 더 깊이 연결되었고 기후 행동은 그렇게 우리 안에 있었다는 걸 발견했습니다.

유정길은 조애나 메이시(Joanna Macy)의 '재연결 작업(WTR, Work That Reconnects)'을 핵심 해법으로 제시합니다. 위기를 '대파국'이 아닌 '대전환(The Great Turning)'의 기회로 보았습니다. 그런 의미에서 현재의 불안은 '축복받은 불안(Blessed Unrest)'입니다.

재연결 작업은 4단계의 나선형 순환으로 이루어집니다.

첫 단계는 고마움에서 시작하기(Gratitude)입니다. 분노가 아닌 감사가 지속적인 창조의 동력입니다.

두 번째 단계는 현재 우리의 고통을 존중하기(Honoring Our Pain)입니다. 고통을 직면하는 것을 진실 만다라(Truth Mandala) 등으로 표현합니다.

세 번째 단계는 새로운 눈으로 보기(Seeing with New Eyes)입니다. 인드라망(Indra's Net) 같은 시스템적 시각을 회복합니다.

네 번째 단계는 실행하며 나아가기(Going Forth)입니다. 배운 것을 바탕으로 실제 행동에 나섭니다.

재연결 작업은 이론에 그치지 않고 통합적이고 실천적인 방법까지 제시한다는 점에서, 우리가 현장에서 바로 적용해 볼 수 있는 훌륭한 안내서입니다.

2부에는 생태슬픔을 넘어서는, 좀 더 실천적인 방법을 제시했습니다. 생태슬픔을 병리적인 문제로 제거해야 할 대상이 아니라, 오히려 사랑과 생명력(연결감)을 회복하는 관문이자 과정으로 제시합니다. 이나경, 이미진, 문윤형 세 저자는 슬픔을 회피하지 않고 적극적인 경험과 애도를 통해 온전함과 연결감을 되찾는 통합적인 치유의 길을 안내합니다.

가장 먼저 세 저자는 고통을 피하지 말고 직면할 것을 강조합니다. 이미진은 우리가 고통을 피하기 위해 방어기제(부인, 합리화 등)를 사용한다고 지적합니다.

고통을 안전하게 마주하기 위해서는 '내적, 외적 기반'이 필요합니다. 이나경은 애도를 위해 안전하고 편안한 공간이 필수적이라 말하며, 빙하 장례식이나 조약돌 애도, 플라스틱 만다라 같은 예술과 의례가 그 공간이 될 수 있음을 보여줍니다.

그다음으로 '나를 넘어 우리와 지구로 연결되기'가 필요합니다. 이미진은 생태 세우기 세션에서 지구를 단순한 객체가 아닌 변화를 촉발하는 주체로 인식할 때, 비로소 막혔던 관계가 풀리는 경험을 보여줍니다. 이나경은 생태적 애도가 사적인 감정을 넘어 공동체적·정치적 차원으로 나아가는 과정임을 보여줍니다. 이 모든 과정은 결국 행동으로 이어지며, 그 동력 자체가 변화합니다.

이나경은 알바트로스 다큐 사례를 통해 애도의 본질이 사랑의 감정임을 확인시켜 줍니다.

문윤형은 행동의 동력이 죄책감이나 의무감 같은 결핍의 느낌이 아니라, 사랑과 연결에서 오는 '풍요의 느낌(abundance)' 즉, 미적 행위에서 나와야 지속 가능하다고 말합니다. 이나경은 이렇게 사랑을 확인하고 확장된 애도 자체가 곧 사적인 슬픔을 넘어선 기후행동이자 '적극적인 응답(response)'이라고 결론짓습니다. 요컨대, 세 저자는 슬픔을 충분히 애도하고, 몸과 관계의 안전함을 회복하며, 자아의 정체성을 지구와 생명 전체로 확장시킬 때, 비로소 우리는 결핍이 아닌 사랑과 풍요의 힘으로 행동하는 온전한 존재로 재연결될 수 있다고 말합니다.

생태슬픔과 만나는 길은 실천적 영성의 길이기도 합니다. 나 혹은 내 가족의 안녕이 아닌, 공동체 전체의 안녕을 묻는 길입니다. 실천적 영성은 가장 내밀한 내면 깊숙이 자신을 만나면서도, 동시에 가장 넓게 다른 존재의 마음과 연결되는 길입니다. 신승철이 이야기한 깊이의 마음과 넓이의 마음이 바로 그것입니다. 바다에서 파도를 떼어낼 수 없듯, 한 사람의 생태슬픔은 공동체 전체의 슬픔과 분리될 수 없습니다. 그래서 한 사람의 생태슬픔을 깊이 만날 수 있다면, 나와 타자의 경계가 흐려지고, '너의 마음이 곧 나의 마음'인 연결망 전체가 드러납니다. 그리고 그 자리에서 우리는 서로의 아픔을 껴안는 자비를 배우고, 가장 깊은 어둠 속에서도 다시 살아갈 수 있는 희망의 불씨를 발견합니다.

치유에 대한 희망이 없었다면, 이 글은 완성되지 못했을 것입니다. 그리고 서로가 서로에게 희망이 되어주지 않았다면, 이 책은 끝내 빛을 보지 못했을 것입니다. 저는 이 책이 독자 여러분이 자신의 마음을 관찰하고, 생태슬픔을 삶 속에서 새롭게 경험하는 작은 출발점이 되기를 바랍니다.

집필자를 대신하여 이미진

생태 슬픔

등록 1994.7.1 제1-1071
초판 1쇄 발행 2026년 2월 25일

기   획   생태적지혜연구소협동조합
지은이   이나경 신승철 유정길 문윤형 이미진
펴낸이   박길수
편집장   소경희
편집·디자인   조영준
관   리   위현정
펴낸곳   도서출판 모시는사람들
　　　　03147 서울시 종로구 삼일대로 457(경운동 수운회관) 1306호
전   화   02-735-7173 / 팩스 02-730-7173
홈페이지   http://www.mosinsaram.com/

인   쇄   피오디북(031-955-8100)
배   본   문화유통북스(031-937-6100)

값은 뒤표지에 있습니다.
ISBN 979-11-6629-258-3   03300